PRÉFACE

La collection de guides de conversation "Tout ira bien!", publié par T&P Books, est conçue pour les gens qui voyagent par affaire ou par plaisir. Les guides de conversations contiennent le plus important - l'essentiel pour la communication de base. Il s'agit d'une série indispensable de phrases pour survivre à l'étranger.

Ce guide de conversation vous aidera dans la plupart des cas où vous devez demander quelque chose, trouver une direction, découvrir le prix d'un souvenir, etc. Il peut aussi résoudre des situations de communication difficile lorsque la gesticulation n'aide pas.

Ce livre contient beaucoup de phrases qui ont été groupées par thèmes. Vous trouverez aussi un petit dictionnaire de plus de 1500 mots importants et utiles.

Emmenez avec vous un guide de conversation "Tout ira bien!" sur la route et vous aurez un compagnon de voyage irremplaçable qui vous aidera à vous sortir de toutes les situations et vous enseignera à ne pas avoir peur de parler aux étrangers.

TABLE DES MATIÈRES

T&P Books Publishing

Collection de guides de conversation
"Tout ira bien!"

T&P Books Publishing

GUIDE DE CONVERSATION
– UKRAINIEN –

LES PHRASES LES PLUS UTILES

Ce guide de conversation contient les phrases et les questions les plus communes et nécessaires pour communiquer avec des étrangers

Par Andrey Taranov

T&P BOOKS

Guide de conversation + dictionnaire de 1500 mots

Guide de conversation Français-Ukrainien et dictionnaire concis de 1500 mots

Par Andrey Taranov

La collection de guides de conversation "Tout ira bien!", publiée par T&P Books, est conçue pour les gens qui voyagent par affaire ou par plaisir. Les guides contiennent l'essentiel pour la communication de base. Il s'agit d'une série indispensable de phrases pour "survivre" à l'étranger.

Une autre section du livre contient un petit dictionnaire de plus de 1500 mots les plus utilisés. Le dictionnaire inclut beaucoup de termes gastronomiques et peut être utile lorsque vous faites le marché ou commandez des plats au restaurant.

T&P Books Publishing
www.tpbooks.com

ISBN: 978-1-78616-783-5

Ce livre existe également en format électronique.
Pour plus d'informations, veuillez consulter notre site: www.tpbooks.com
ou rendez-vous sur ceux des grandes librairies en ligne.

PRONONCIATION

Lettre	Exemple en ukrainien	Alphabet phonétique T&P	Exemple en français

Voyelles

А а	акт	[a]	classe
Е е	берет	[e], [ɛ]	poète
Є є	модельєр	[ɛ]	faire
И и	ритм	[k]	bocal
І і	компанія	[i]	stylo
Ї ї	поїзд	[ji]	accueillir
О о	око	[ɔ]	robinet
У у	буря	[u]	boulevard
Ю ю	костюм	[ⁱu]	interview
Я я	маяк	[ja], [ⁱa]	diamant

Consonnes

Б б	бездна	[b]	bureau
В в	вікно	[w]	iguane
Г г	готель	[h]	g espagnol - amigo, magnífico
Ґ ґ	ґудзик	[g]	gris
Д д	дефіс	[d]	document
Ж ж	жанр	[ʒ]	jeunesse
З з	зброя	[z]	gazeuse
Й й	йти	[j]	maillot
К к	крок	[k]	bocal
Л л	лев	[l]	vélo
М м	мати	[m]	minéral
Н н	назва	[n]	ananas
П п	приз	[p]	panama
Р р	радість	[r]	racine, rouge
С с	сон	[s]	syndicat
Т т	тир	[t]	tennis
Ф ф	фарба	[f]	formule
Х х	холод	[h]	[h] aspiré
Ц ц	церква	[ts]	gratte-ciel
Ч ч	час	[tʃ]	match

Lettre	Exemple en ukrainien	Alphabet phonétique T&P	Exemple en français
Ш ш	шуба	[ʃ]	chariot
Щ щ	щука	[ɕ]	chiffre
ь	камінь	[ʲ]	signe mou
ъ	ім'я	[ʾ]	signe dur

LISTE DES ABRÉVIATIONS

Abréviations en français

adj	-	adjective
adv	-	adverbe
anim.	-	animé
conj	-	conjonction
dénombr.	-	dénombrable
etc.	-	et cetera
f	-	nom féminin
f pl	-	féminin pluriel
fam.	-	familiar
fem.	-	féminin
form.	-	formal
inanim.	-	inanimé
indénombr.	-	indénombrable
m	-	nom masculin
m pl	-	masculin pluriel
m, f	-	masculin, féminin
masc.	-	masculin
math	-	mathematics
mil.	-	militaire
pl	-	pluriel
prep	-	préposition
pron	-	pronom
qch	-	quelque chose
qn	-	quelqu'un
sing.	-	singulier
v aux	-	verbe auxiliaire
v imp	-	verbe impersonnel
vi	-	verbe intransitif
vi, vt	-	verbe intransitif, transitif
vp	-	verbe pronominal
vt	-	verbe transitif

Abréviations en ukrainien

ж	-	nom féminin
мн	-	pluriel

с   -   neutre

ч   -   nom masculin

T&P BOOKS

GUIDE DE CONVERSATION UKRAINIEN

Cette section contient
des phrases importantes
qui peuvent être utiles dans
des situations courantes.
Le guide vous aidera
à demander des directions,
clarifier le prix, acheter
des billets et commander
des plats au restaurant

T&P Books Publishing

CONTENU DU GUIDE DE CONVERSATION

T&P Books Publishing

Les essentiels

Excusez-moi, ...
Вибачте, ...
['wɨbatʃtɛ, ...]

Bonjour
Добрий день.
['dɔbrij dɛnʲ.]

Merci
Дякую.
['dʲakuʲu.]

Au revoir
До побачення.
[do po'batʃɛnʲa.]

Oui
Так.
[tak.]

Non
Ні.
[ni.]

Je ne sais pas.
Я не знаю.
[ja nɛ 'znaʲu.]

Où? | Où? | Quand?
Де? | Куди? | Коли?
[dɛ? | ku'dɨ? | ko'lɨ?]

J'ai besoin de ...
Мені потрібен ...
[mɛ'ni po'tribɛn ...]

Je veux ...
Я хочу ...
[ja 'hɔtʃu ...]

Avez-vous ... ?
У вас є ...?
[u was 'ɛ ...?]

Est-ce qu'il y a ... ici?
Тут є ...?
[tut ɛ ...?]

Puis-je ... ?
Чи можна мені ...?
[tʃɨ 'mɔʒna mɛ'ni ...?]

s'il vous plaît (pour une demande)
Будь ласка
[budʲ 'laska]

Je cherche ...
Я шукаю ...
[ja ʃu'kaʲu ...]

les toilettes
туалет
[tua'lɛt]

un distributeur
банкомат
[banko'mat]

une pharmacie
аптеку
[ap'tɛku]

l'hôpital
лікарню
[li'karnʲu]

le commissariat de police
поліцейську дільницю
[poli'tsɛjsʲku dilʲ'nitsʲu]

une station de métro
метро
[mɛt'rɔ]

un taxi	**таксі** [tak'si]
la gare	**вокзал** [wok'zal]

Je m'appelle ...	**Мене звуть ...** [mɛ'nɛ zwutʲ ...]
Comment vous appelez-vous?	**Як вас звуть?** [jak was 'zwutʲʔ]
Aidez-moi, s'il vous plaît.	**Допоможіть мені, будь ласка.** [dopomo'ʒitʲ mɛ'ni, budʲ 'laska.]
J'ai un problème.	**У мене проблема.** [u 'mɛnɛ prob'lɛma.]
Je ne me sens pas bien.	**Мені погано.** [mɛ'ni po'ɦano.]
Appelez une ambulance!	**Викличте швидку!** ['wiklitʃtɛ ʃwid'ku!]
Puis-je faire un appel?	**Чи можна мені зателефонувати?** [tʃi 'mɔʒna mɛ'ni zatɛlɛfonu'wati?]

Excusez-moi.	**Прошу вибачення** ['prɔʃu 'wibatʃɛnʲa]
Je vous en prie.	**Прошу** ['prɔʃu]

je, moi	**я** [ja]
tu, toi	**ти** [ti]
il	**він** [win]
elle	**вона** [wo'na]
ils	**вони** [wo'nɨ]
elles	**вони** [wo'nɨ]
nous	**ми** [mɨ]
vous	**ви** [wɨ]
Vous	**Ви** [wɨ]

ENTRÉE	**ВХІД** [whid]
SORTIE	**ВИХІД** ['wihid]
HORS SERVICE	EN PANNE	**НЕ ПРАЦЮЄ** [nɛ pra'tsʲuɛ]
FERMÉ	**ЗАКРИТО** [za'krito]

OUVERT

ВІДКРИТО
[wid'krito]

POUR LES FEMMES

ДЛЯ ЖІНОК
[dlʲa ʒi'nɔk]

POUR LES HOMMES

ДЛЯ ЧОЛОВІКІВ
[dlʲa ʧolowi'kiw]

Questions

Où? (lieu)

Де?
[dɛ?]

Où? (direction)

Куди?
[ku'dɨ?]

D'où?

Звідки?
['zwidkɨ?]

Pourquoi?

Чому?
[ʧo'mu?]

Pour quelle raison?

Навіщо?
[na'wiɕo?]

Quand?

Коли?
[ko'lɨ?]

Combien de temps?

Скільки часу?
['skilʲkɨ 'ʧasu?]

À quelle heure?

О котрій?
[o kot'rij?]

C'est combien?

Скільки коштує?
['skilʲkɨ 'koʃtuɛ?]

Avez-vous ... ?

У вас є ...?
[u was 'ɛ ...?]

Où est ..., s'il vous plaît?

Де знаходиться ...?
[dɛ zna'hodɨtʲsʲa ...?]

Quelle heure est-il?

Котра година?
[ko'tra ɦo'dɨna?]

Puis-je faire un appel?

Чи можна мені зателефонувати?
[ʧɨ 'moʒna mɛ'ni zatɛlɛfonu'watɨ?]

Qui est là?

Хто там?
[hto tam?]

Puis-je fumer ici?

Чи можна мені тут палити?
[ʧɨ 'moʒna mɛ'ni tut pa'lɨtɨ?]

Puis-je ...?

Чи можна мені ...?
[ʧɨ 'moʒna mɛ'ni ...?]

Besoins

Je voudrais …

Я б хотів /хотіла/ …
[ja b ho'tiw /ho'tila/ …]

Je ne veux pas …

Я не хочу …
[ja nɛ 'hɔʧu …]

J'ai soif.

Я хочу пити.
[ja 'hɔʧu 'piti.]

Je veux dormir.

Я хочу спати.
[ja 'hɔʧu 'spati.]

Je veux …

Я хочу …
[ja 'hɔʧu …]

me laver

вмитися
['wmitisʲa]

brosser mes dents

почистити зуби
[po'ʧistiti 'zubɨ]

me reposer un instant

трохи відпочити
['trɔhi widpo'ʧiti]

changer de vêtements

переодягнутися
[pɛrɛodʲaɦ'nutisʲa]

retourner à l'hôtel

повернутися в готель
[powɛr'nutisʲa w ɦo'tɛlʲ]

acheter …

купити …
[ku'piti …]

aller à …

з'їздити в …
['zʲizdɨti w …]

visiter …

відвідати …
[wid'widati …]

rencontrer …

зустрітися з …
[zust'ritisʲa z …]

faire un appel

зателефонувати
[zatɛlɛfonu'wati]

Je suis fatigué /fatiguée/

Я втомився /втомилася/.
[ja wto'miwsʲa /wto'milasʲa/.]

Nous sommes fatigués /fatiguées/

Ми втомилися.
[mɨ wto'milisʲa.]

J'ai froid.

Мені холодно.
[mɛ'ni 'hɔlodno.]

J'ai chaud.

Мені спекотно.
[mɛ'ni spɛ'kɔtno.]

Je suis bien.

Мені нормально.
[mɛ'ni nor'malʲno.]

Il me faut faire un appel.	**Мені треба зателефонувати.** [mɛ'ni 'trɛba zatɛlɛfonu'watɨ.]
J'ai besoin d'aller aux toilettes.	**Мені треба в туалет.** [mɛ'ni 'trɛba w tua'lɛt.]
Il faut que j'aille.	**Мені вже час.** [mɛ'nl wʒɛ ʧas.]
Je dois partir maintenant.	**Мушу вже йти.** ['muʃu wʒɛ jtɨ.]

Comment demander la direction

Excusez-moi, ...

Вибачте, ...
['wɨbatʃtɛ, ...]

Où est ..., s'il vous plaît?

Де знаходиться ...?
[dɛ zna'hɔditʲsʲa ...?]

Dans quelle direction est ... ?

В якому напрямку знаходиться ...?
[w ja'kɔmu 'naprʲamku zna'hɔditʲsʲa ...?]

Pouvez-vous m'aider, s'il vous plaît ?

Допоможіть мені, будь ласка.
[dopomo'ʒitʲ mɛ'ni, budʲ 'laska.]

Je cherche ...

Я шукаю ...
[ja ʃu'kaʲu ...]

La sortie, s'il vous plaît?

Я шукаю вихід.
[ja ʃu'kaʲu 'wɨhid.]

Je vais à ...

Я їду в ...
[ja 'idu w ...]

C'est la bonne direction pour ...?

Чи правильно я йду ...?
[tʃi 'prawilʲno ja jdu ...?]

C'est loin?

Це далеко?
[tsɛ da'lɛko?]

Est-ce que je peux y aller à pied?

Чи дійду я туди пішки?
[tʃi dij'du ja tu'di 'piʃki?]

Pouvez-vous me le montrer sur la carte?

Покажіть мені на карті, будь ласка.
[poka'ʒitʲ mɛ'ni na 'karti, budʲ 'laska.]

Montrez-moi où sommes-nous, s'il vous plaît.

Покажіть, де ми зараз.
[poka'ʒitʲ, dɛ mɨ 'zaraz.]

Ici

Тут
[tut]

Là-bas

Там
[tam]

Par ici

Сюди
[sʲu'di]

Tournez à droite.

Поверніть направо.
[powɛr'nitʲ na'prawo.]

Tournez à gauche.

Поверніть наліво.
[powɛr'nitʲ na'liwo.]

Prenez la première (deuxième, troisième) rue.

перший (другий, третій) поворот
['pɛrʃij ('druhij, 'trɛtij) powo'rɔt]

à droite

направо
[na'prawo]

à gauche

наліво
[na'liwo]

Continuez tout droit.

Ідіть прямо.
[i'ditⁱ 'prⁱamo.]

Affiches, Pancartes

BIENVENUE!

ЛАСКАВО ПРОСИМО
[las'kawo 'prɔsɨmo]

ENTRÉE

ВХІД
[whid]

SORTIE

ВИХІД
['wɨhid]

POUSSEZ

ВІД СЕБЕ
[wid 'sɛbɛ]

TIREZ

ДО СЕБЕ
[do 'sɛbɛ]

OUVERT

ВІДКРИТО
[wid'krɨto]

FERMÉ

ЗАКРИТО
[za'krɨto]

POUR LES FEMMES

ДЛЯ ЖІНОК
[dlʲa ʒi'nɔk]

POUR LES HOMMES

ДЛЯ ЧОЛОВІКІВ
[dlʲa tʃolowi'kiw]

MESSIEURS (m)

ЧОЛОВІЧИЙ ТУАЛЕТ
[tʃolo'witʃɨj tua'lɛt]

FEMMES (f)

ЖІНОЧИЙ ТУАЛЕТ
[ʒi'nɔtʃɨj tua'lɛt]

RABAIS | SOLDES

ЗНИЖКИ
['znɨʒkɨ]

PROMOTION

РОЗПРОДАЖ
[roz'prɔdaʒ]

GRATUIT

БЕЗКОШТОВНО
[bɛzkoʃ'tɔwno]

NOUVEAU!

НОВИНКА!
[no'wɨnka!]

ATTENTION!

УВАГА!
[u'waɦa!]

COMPLET

МІСЦЬ НЕМАЄ
[mists nɛ'maɛ]

RÉSERVÉ

ЗАРЕЗЕРВОВАНО
[zarɛzɛr'wɔwano]

ADMINISTRATION

АДМІНІСТРАЦІЯ
[admini'stratsiʲa]

PERSONNEL SEULEMENT

ТІЛЬКИ ДЛЯ ПЕРСОНАЛУ
['tilʲkɨ dlʲa pɛrso'nalu]

ATTENTION AU CHIEN!

ЗЛИЙ СОБАКА
[złij so'baka]

NE PAS FUMER!

НЕ ПАЛИТИ!
[nɛ pa'liti!]

NE PAS TOUCHER!

РУКАМИ НЕ ТОРКАТИСЯ!
[ru'kami nɛ tor'katisʲa!]

DANGEREUX

НЕБЕЗПЕЧНО
[nɛbɛz'pɛtʃno]

DANGER

НЕБЕЗПЕКА
[nɛbɛz'pɛka]

HAUTE TENSION

ВИСОКА НАПРУГА
[wɨ'sɔka na'pruɦa]

BAIGNADE INTERDITE!

КУПАТИСЯ ЗАБОРОНЕНО
[ku'patisʲa zabo'rɔnɛno]

HORS SERVICE | EN PANNE

НЕ ПРАЦЮЄ
[nɛ pra'tsʲuɛ]

INFLAMMABLE

ВОГНЕНЕБЕЗПЕЧНО
['woɦnɛ nɛbɛz'pɛtʃno]

INTERDIT

ЗАБОРОНЕНО
[zabo'rɔnɛno]

ENTRÉE INTERDITE!

ПРОХІД ЗАБОРОНЕНИЙ
[pro'hid zabo'rɔnɛnij]

PEINTURE FRAÎCHE

ПОФАРБОВАНО
[pofar'bɔwano]

FERMÉ POUR TRAVAUX

ЗАКРИТО НА РЕМОНТ
[za'krito na rɛ'mɔnt]

TRAVAUX EN COURS

РЕМОНТНІ РОБОТИ
[rɛ'mɔntni ro'bɔti]

DÉVIATION

ОБ'ЇЗД
[ob"izd]

Transport - Phrases générales

avion	**літак** [li'tak]
train	**поїзд** ['pɔizd]
bus, autobus	**автобус** [aw'tɔbus]
ferry	**пором** [po'rɔm]
taxi	**таксі** [tak'si]
voiture	**автомобіль** [awtomo'bilʲ]
horaire	**розклад** ['rɔzklad]
Où puis-je voir l'horaire?	**Де можна подивитися розклад?** [dɛ 'mɔʒna podi'witisʲa 'rɔzklad?]
jours ouvrables	**робочі дні** [ro'bɔʧi dni]
jours non ouvrables	**вихідні дні** [wihid'ni dni]
jours fériés	**святкові дні** [swʲat'kɔwi dni]
DÉPART	**ВІДПРАВЛЕННЯ** [wid'prawlɛnʲa]
ARRIVÉE	**ПРИБУТТЯ** [pribut'tʲa]
RETARDÉE	**ЗАТРИМУЄТЬСЯ** [za'trimuɛtʲsʲa]
ANNULÉE	**ВІДМІНЕНИЙ** [wid'minɛnij]
prochain (train, etc.)	**наступний** [na'stupnij]
premier	**перший** ['pɛrʃij]
dernier	**останній** [os'tanij]
À quelle heure est le prochain ...?	**Коли буде наступний ...?** [ko'li 'budɛ na'stupnij ...?]
À quelle heure est le premier ...?	**Коли відправляється перший ...?** [ko'li widpraw'lʲaɛtʲsʲa 'pɛrʃij ...?]

À quelle heure est le dernier ...?

Коли відправляється останній ...?
[ko'lɨ widpraw'lʲaɛtʲsʲa os'tanij ...?]

correspondance

пересадка
[pɛrɛ'sadka]

prendre la correspondance

зробити пересадку
[zro'bɨtɨ pɛrɛ'sadku]

Dois-je prendre la correspondance?

Чи потрібно мені робити пересадку?
[ʧɨ pot'ribno mɛ'ni ro'bɨtɨ pɛrɛ'sadku?]

Acheter un billet

Où puis-je acheter des billets?	**Де я можу купити квитки?** [dɛ ja 'mɔʒu ku'pɨtɨ kwit'kɨ?]
billet	**квиток** [kwi'tɔk]
acheter un billet	**купити квиток** [ku'pɨtɨ kwi'tɔk]
le prix d'un billet	**вартість квитка** ['wartistʲ kwit'ka]
Pour aller où?	**Куди?** [ku'dɨ?]
Quelle destination?	**До якої станції?** [do ja'kɔi 'stantsii?]
Je voudrais …	**Мені потрібно …** [mɛ'ni po'tribno …]
un billet	**один квиток** [o'dɨn kwi'tɔk]
deux billets	**два квитки** [dwa kwit'kɨ]
trois billets	**три квитки** [trɨ kwit'kɨ]
aller simple	**в один кінець** [w o'dɨn ki'nɛts]
aller-retour	**туди і назад** [tu'dɨ i na'zad]
première classe	**перший клас** ['pɛrʃɨj klas]
classe économique	**другий клас** ['druɦɨj klas]
aujourd'hui	**сьогодні** [sʲo'ɦɔdni]
demain	**завтра** ['zawtra]
après-demain	**післязавтра** [pislʲa'zawtra]
dans la matinée	**вранці** ['wrantsi]
l'après-midi	**вдень** ['wdɛnʲ]
dans la soirée	**ввечері** ['wvɛtʃɛri]

siège côté couloir

місце біля проходу
['misʦɛ 'bilʲa pro'hɔdu]

siège côté fenêtre

місце біля вікна
['misʦɛ 'bilʲa wik'na]

C'est combien?

Скільки?
['skilʲki?]

Puis-je payer avec la carte?

Чи можу я заплатити карткою?
[ʧi 'mɔʒu ja zapla'tʲitʲi 'kartkoʲu?]

L'autobus

bus, autobus
автобус
[aw'tɔbus]

autocar
міжміський автобус
[miʒmisʲ'kij aw'tɔbus]

arrêt d'autobus
автобусна зупинка
[aw'tɔbusna zu'pɪnka]

Où est l'arrêt d'autobus le plus proche?
Де найближча автобусна зупинка?
[dɛ najbʲ'liʒʧa aw'tɔbusna zu'pɪnka?]

numéro
номер
['nɔmɛr]

Quel bus dois-je prendre pour aller à …?
Який автобус їде до …?
[ja'kij aw'tɔbus 'idɛ do …?]

Est-ce que ce bus va à …?
Цей автобус їде до …?
[ʦɛj aw'tɔbus 'idɛ do …?]

L'autobus passe tous les combien?
Як часто ходять автобуси?
[jak 'ʧasto 'hodʲatʲ aw'tɔbusi?]

chaque quart d'heure
кожні 15 хвилин
['kɔʒni pʲjatʲnadʦʲatʲ hwi'lin]

chaque demi-heure
щопівгодини
[ɕopiwhɔ'dini]

chaque heure
щогодини
[ɕohɔ'dini]

plusieurs fois par jour
кілька разів на день
['kilʲka ra'ziw na dɛnʲ]

… fois par jour
… разів на день
[… ra'ziw na 'dɛnʲ]

horaire
розклад
['rɔzklad]

Où puis-je voir l'horaire?
Де можна подивитися розклад?
[dɛ 'mɔʒna podɪ'witɪsʲa 'rɔzklad?]

À quelle heure passe le prochain bus?
Коли буде наступний автобус?
[ko'lɪ 'budɛ na'stupnij aw'tɔbus?]

À quelle heure passe le premier bus?
Коли відправляється перший автобус?
[ko'lɪ widpraw'lʲaɛtʲsʲa 'pɛrʃij aw'tɔbus?]

À quelle heure passe le dernier bus?
Коли їде останній автобус?
[ko'lɪ 'idɛ os'tanij aw'tɔbus?]

arrêt	**зупинка** [zu'pɨnka]
prochain arrêt	**наступна зупинка** [na'stupna zu'pɨnka]
terminus	**кінцева зупинка** [kin'ʦɛwa zu'pɨnka]
Pouvez-vous arrêter ici, s'il vous plaît.	**Зупиніть тут, будь ласка.** [zupɨ'nitʲ tut, budʲ 'laska.]
Excusez-moi, c'est mon arrêt.	**Дозвольте, це моя зупинка.** [doz'wolʲtɛ, ʦɛ mo'ʲa zu'pɨnka.]

Train

train	**поїзд** ['poizd]
train de banlieue	**приміський поїзд** [primisʲ'kij 'poizd]
train de grande ligne	**поїзд далекого прямування** ['poizd da'lɛkoɦo prʲamu'wanʲa]
la gare	**вокзал** [wok'zal]
Excusez-moi, où est la sortie vers les quais?	**Вибачте, де вихід до поїздів?** ['wibatʃtɛ, dɛ 'wihid do poiz'diw?]
Est-ce que ce train va à ...?	**Цей поїзд їде до ...?** [ʦɛj 'poizd 'idɛ do ...?]
le prochain train	**наступний поїзд** [na'stupnij 'poizd]
À quelle heure est le prochain train?	**Коли буде наступний поїзд?** [ko'li 'budɛ na'stupnij 'poizd?]
Où puis-je voir l'horaire?	**Де можна подивитися розклад?** [dɛ 'moʒna podi'witisʲa 'rozklad?]
De quel quai?	**З якої платформи?** [z ja'koi plat'fɔrmi?]
À quelle heure arrive le train à ...?	**Коли поїзд прибуває в ...?** [ko'li 'poizd pribu'waɛ w ...?]
Pouvez-vous m'aider, s'il vous plaît?	**Допоможіть мені, будь ласка.** [dopomo'ʒitʲ mɛ'ni, budʲ 'laska.]
Je cherche ma place.	**Я шукаю своє місце.** [ja ʃu'kaʲu swo'ɛ 'misʦɛ.]
Nous cherchons nos places.	**Ми шукаємо наші місця.** [mi ʃu'kaɛmo 'naʃi mis'ʦʲa.]
Ma place est occupée.	**Моє місце зайняте.** [mo'ɛ 'misʦɛ 'zajnʲatɛ.]
Nos places sont occupées.	**Наші місця зайняті.** ['naʃi mis'ʦʲa 'zajnʲati.]
Excusez-moi, mais c'est ma place.	**Вибачте, будь ласка, але це моє місце.** ['wibatʃtɛ, budʲ 'laska, a'lɛ ʦɛ mo'ɛ 'misʦɛ.]
Est-ce que cette place est libre?	**Це місце вільне?** [ʦɛ 'misʦɛ 'wilʲnɛ?]
Puis-je m'asseoir ici?	**Можна мені тут сісти?** ['moʒna mɛ'ni tut 'sisti?]

Sur le train - Dialogue (Pas de billet)

Votre billet, s'il vous plaît.

Ваш квиток, будь ласка.
[waʃ kwiˈtɔk, budʲ ˈlaska.]

Je n'ai pas de billet.

У мене немає квитка.
[u ˈmɛnɛ nɛˈmaɛ kwiˈtka.]

J'ai perdu mon billet.

Я загубив /загубила/ свій квиток.
[ja zaɦuˈbiw /zaɦuˈbiɫa/ swij kwiˈtɔk.]

J'ai oublié mon billet à la maison.

Я забув /забула/ квиток вдома.
[ja zaˈbuw /zaˈbula/ kwiˈtɔk ˈwdoma.]

Vous pouvez m'acheter un billet.

Ви можете купити квиток у мене.
[wi ˈmɔʒɛtɛ kuˈpiti kwiˈtɔk u ˈmɛnɛ.]

Vous devrez aussi payer une amende.

Вам ще доведеться заплатити штраф.
[wam ɕɛ dowɛˈdɛtʲsʲa zaplaˈtiti ʃtraf.]

D'accord.

Добре.
[ˈdɔbrɛ.]

Où allez-vous?

Куди ви їдете?
[kuˈdɨ wi ˈidɛtɛ?]

Je vais à …

Я їду до …
[ja ˈidu do …]

Combien? Je ne comprend pas.

Скільки? Я не розумію.
[ˈskilʲki? ja nɛ rozuˈmiʲu.]

Pouvez-vous l'écrire, s'il vous plaît.

Напишіть, будь ласка.
[napiˈʃitʲ, budʲ ˈlaska.]

D'accord. Puis-je payer avec la carte?

Добре. Чи можу я заплатити карткою?
[ˈdɔbrɛ. t͡ʃi ˈmɔʒu ja zaplaˈtiti ˈkartkoʲu?]

Oui, bien sûr.

Так, можете.
[tak, ˈmɔʒɛtɛ.]

Voici votre reçu.

Ось ваша квитанція.
[osʲ ˈwaʃa kwiˈtantsiʲa.]

Désolé pour l'amende.

Шкодую про штраф.
[ʃkoˈduʲu pro ˈʃtraf.]

Ça va. C'est de ma faute.

Це нічого. Це моя вина.
[t͡sɛ niˈt͡ʃoɦo t͡sɛ moˈʲa wiˈna.]

Bon voyage.

Приємної вам поїздки.
[priˈɛmnoi wam poˈizdki.]

Taxi

taxi	**таксі** [tak'si]
chauffeur de taxi	**таксист** [tak'sist]
prendre un taxi	**зловити таксі** [zlo'witi tak'si]
arrêt de taxi	**стоянка таксі** [sto'ʲanka tak'si]
Où puis-je trouver un taxi?	**Де я можу взяти таксі?** [dɛ ja 'mɔʒu 'wzʲati tak'si?]
appeler un taxi	**викликати таксі** ['wiklikati tak'si]
Il me faut un taxi.	**Мені потрібно таксі.** [mɛ'ni po'tribno tak'si.]
maintenant	**Просто зараз.** ['prɔsto 'zaraz.]
Quelle est votre adresse?	**Ваша адреса?** ['waʃa ad'rɛsa?]
Mon adresse est …	**Моя адреса …** [mo'ʲa ad'rɛsa …]
Votre destination?	**Куди ви поїдете?** [ku'di wi po'idɛtɛ?]
Excusez-moi, …	**Вибачте, …** ['wibatʃtɛ, …]
Vous êtes libre ?	**Ви вільні?** [wi 'wilʲni?]
Combien ça coûte pour aller à …?	**Скільки коштує доїхати до …?** ['skilʲki 'kɔʃtuɛ do'ihati do …?]
Vous savez où ça se trouve?	**Ви знаєте, де це?** [wi 'znaɛtɛ, dɛ tsɛ?]
À l'aéroport, s'il vous plaît.	**В аеропорт, будь ласка.** [w aɛro'pɔrt, budʲ 'laska.]
Arrêtez ici, s'il vous plaît.	**Зупиніться тут, будь ласка.** [zupi'nitʲsʲa tut, budʲ 'laska.]
Ce n'est pas ici.	**Це не тут.** [tsɛ nɛ tut.]
C'est la mauvaise adresse.	**Це неправильна адреса.** [tsɛ nɛ'prawilʲna ad'rɛsa.]
tournez à gauche	**Зараз наліво.** ['zaraz na'liwo.]
tournez à droite	**Зараз направо.** ['zaraz na'prawo.]

Combien je vous dois?

Скільки я вам винен /винна/?
['skilʲki ja wam 'winɛn /'wina/?]

J'aimerais avoir un reçu, s'il vous plaît.

Дайте мені чек, будь ласка.
['dajtɛ mɛ'ni tʃɛk, budʲ 'laska.]

Gardez la monnaie.

Здачі не треба.
['zdatʃi nɛ 'trɛba.]

Attendez-moi, s'il vous plaît …

Зачекайте мене, будь ласка.
[zatʃɛ'kajtɛ mɛ'nɛ, budʲ 'laska.]

cinq minutes

5 хвилин
['pʲatʲ hwi'lin]

dix minutes

10 хвилин
['dɛsʲatʲ hwi'lin]

quinze minutes

15 хвилин
[pʲat'nadtsʲatʲ hwi'lin]

vingt minutes

20 хвилин
['dwadtsʲatʲ hwi'lin]

une demi-heure

півгодини
[piwɦo'dini]

Hôtel

Bonjour.

Добрий день.
['dɔbrij dɛnʲ.]

Je m'appelle …

Мене звуть …
[mɛ'nɛ zwutʲ …]

J'ai réservé une chambre.

Я резервував /резервувала/ номер.
[ja rɛzɛrwu'waw /rɛzɛrwu'wala/ 'nɔmɛr.]

Je voudrais …

Мені потрібен …
[mɛ'ni po'tribɛn …]

une chambre simple

одномісний номер
[odno'misnij 'nɔmɛr]

une chambre double

двомісний номер
[dwo'misnij 'nɔmɛr]

C'est combien?

Скільки він коштує?
['skilʲkʲi win 'kɔʃtuɛ?]

C'est un peu cher.

Це трохи дорого.
[ʦɛ 'trɔhʲi 'dɔroɦo.]

Avez-vous autre chose?

У вас є ще що-небудь?
[u was 'ɛ ɕɛ ɕo-'nɛbudʲ?]

Je vais la prendre.

Я візьму його.
[ja wizʲ'mu ʲo'ɦɔ.]

Je vais payer comptant.

Я заплачу готівкою.
[ja zapla'ʧu ɦo'tiwkoʲu.]

J'ai un problème.

У мене є проблема.
[u 'mɛnɛ ɛ prob'lɛma.]

Mon /Ma/ … ne fonctionne pas.

У мене не працює …
[u 'mɛnɛ nɛ pra'ʦʲuɛ …]

télé

телевізор
[tɛlɛ'wizor]

air conditionné

кондиціонер
[kondiʦio'nɛr]

robinet

кран
[kran]

douche

душ
[duʃ]

évier

раковина
['rakowɨna]

coffre-fort

сейф
[sɛjf]

serrure de porte

замок
[za'mɔk]

prise électrique	**розетка** [ro'zɛtka]
sèche-cheveux	**фен** [fɛn]

Je n'ai pas …	**У мене немає ...** [u 'mɛnɛ nɛ'maɛ …]
d'eau	**води** [wo'dɨ]
de lumière	**світла** ['switla]
d'électricité	**електрики** [ɛ'lɛktrɨkɨ]

Pouvez-vous me donner …?	**Чи не можете мені дати ...?** [tʃɨ nɛ 'mɔʒɛtɛ mɛ'ni 'datɨ …?]
une serviette	**рушник** [ruʃ'nɨk]
une couverture	**ковдру** ['kɔwdru]
des pantoufles	**тапочки** ['tapɔtʃkɨ]
une robe de chambre	**халат** [ha'lat]
du shampoing	**шампунь** [ʃam'punʲ]
du savon	**мило** ['mɨlo]

Je voudrais changer ma chambre.	**Я б хотів /хотіла/ поміняти номер.** [ja b ho'tiw /ho'tila/ pomi'nʲatɨ 'nɔmɛr.]
Je ne trouve pas ma clé.	**Я не можу знайти свій ключ.** [ja nɛ 'mɔʒu znaj'tɨ swij 'klʲutʃ.]
Pourriez-vous ouvrir ma chambre, s'il vous plaît?	**Відкрийте мій номер, будь ласка.** [wid'krɨjtɛ mij 'nɔmɛr, budʲ 'laska.]
Qui est là?	**Хто там?** [hto tam?]
Entrez!	**Заходьте!** [za'hɔdʲtɛ!]
Une minute!	**Одну хвилину!** [od'nu hwɨ'lɨnu!]
Pas maintenant, s'il vous plaît.	**Будь ласка, не зараз.** [budʲ 'laska, nɛ 'zaraz.]

Pouvez-vous venir à ma chambre, s'il vous plaît.	**Зайдіть до мене, будь ласка.** [zaj'ditʲ do 'mɛnɛ, budʲ 'laska.]
J'aimerais avoir le service d'étage.	**Я хочу зробити замовлення їжі в номер.** [ja 'hɔtʃu zro'bɨtɨ za'mɔwlɛnja 'iʒi w 'nɔmɛr.]
Mon numéro de chambre est le …	**Мій номер кімнати ...** [mij 'nɔmɛr kim'natɨ …]

Je pars …

Я їду …
[ja 'idu …]

Nous partons …

Ми їдемо …
[mi 'idɛmo …]

maintenant

зараз
['zaraz]

cet après-midi

сьогодні після обіду
[sʲoˈhɔdni ˈpislʲa oˈbidu]

ce soir

сьогодні ввечері
[sʲoˈhɔdni ˈwvɛtʃɛri]

demain

завтра
['zawtra]

demain matin

завтра вранці
['zawtra 'wrantsi]

demain après-midi

завтра ввечері
['zawtra 'wvɛtʃɛri]

après-demain

післязавтра
[pislʲaˈzawtra]

Je voudrais régler mon compte.

Я б хотів /хотіла/ розрахуватися.
[ja b ho'tiw /ho'tila/ rozrahuˈwatisʲa.]

Tout était merveilleux.

Все було чудово.
[wsɛ buˈlɔ tʃuˈdɔwo.]

Où puis-je trouver un taxi?

Де я можу взяти таксі?
[dɛ ja 'mɔʒu 'wzʲati tak'si?]

Pourriez-vous m'appeler un taxi,
s'il vous plaît?

Викличте мені таксі, будь ласка.
['wiklitʃtɛ mɛ'ni tak'si, budʲ 'laska.]

Restaurant

Puis-je voir le menu, s'il vous plaît?
Чи можу я подивитися ваше меню?
[ʧi 'mɔʒu ja podⁱ'witⁱsⁱa 'waʃɛ mɛ'nⁱu?]

Une table pour une personne.
Столик для одного.
['stɔlik dlⁱa od'nɔɦo.]

Nous sommes deux (trois, quatre).
Нас двоє (трoє, четверо).
[nas 'dwɔɛ ('trɔɛ, 'ʧɛtwɛro).]

Fumeurs
Для курців
[dlⁱa kur'ʦiw]

Non-fumeurs
Для некурців
[dlⁱa nɛkur'ʦiw]

S'il vous plaît!
Будьте ласкаві!
['budⁱtɛ las'kawi!]

menu
меню
[mɛ'nⁱu]

carte des vins
карта вин
['karta win]

Le menu, s'il vous plaît.
Меню, будь ласка.
[mɛ'nⁱu, budⁱ 'laska.]

Êtes-vous prêts à commander?
Ви готові зробити замовлення?
[wi ɦo'towi zro'bitⁱi za'mowlɛnⁱa?]

Qu'allez-vous prendre?
Що ви будете замовляти?
[ɕo wi 'budɛtɛ zamow'lⁱatⁱi?]

Je vais prendre …
Я буду …
[ja 'budu …]

Je suis végétarien.
Я вегетаріанець /вегетаріанка/.
[ja wɛɦɛtari'anɛʦ /wɛɦɛtari'anka/.]

viande
м'ясо
['mⁿⁱaso]

poisson
риба
['riba]

légumes
овочі
['ɔwoʧi]

Avez-vous des plats végétariens?
У вас є вегетаріанські страви?
[u was 'ɛ wɛɦɛtari'ansⁱki 'strawi?]

Je ne mange pas de porc.
Я не їм свинину.
[ja nɛ im swi'ninu.]

Il /elle/ ne mange pas de viande.
Він /вона/ не їсть м'ясо.
[win /wo'na/ nɛ istⁱ 'mⁿⁱaso.]

Je suis allergique à …
У мене алергія на …
[u 'mɛnɛ alɛr'ɦiⁱa na …]

Pourriez-vous m'apporter ...,
s'il vous plaît.

Принесіть мені, будь ласка ...
[prinɛ'sitʲ mɛ'ni, budʲ 'laska ...]

le sel | le poivre | du sucre

сіль | перець | цукор
[silʲ | 'pɛrɛts | 'tsukor]

un café | un thé | un dessert

каву | чай | десерт
['kawu | tʃaj | dɛ'sɛrt]

de l'eau | gazeuse | plate

воду | з газом | без газу
['wɔdu | z 'ɦazom | bɛz 'ɦazu]

une cuillère | une fourchette | un couteau

ложку | вилку | ніж
['lɔʒku | 'wilku | niʒ]

une assiette | une serviette

тарілку | серветку
[ta'rilku | sɛr'wɛtku]

Bon appétit!

Смачного!
[smatʃ'nɔɦo!]

Un de plus, s'il vous plaît.

Принесіть ще, будь ласка.
[prinɛ'sitʲ ɕɛ, budʲ 'laska.]

C'était délicieux.

Було дуже смачно.
[bu'lɔ 'duʒɛ 'smatʃno.]

---

l'addition | de la monnaie | le pourboire

рахунок | здача | чайові
[ra'ɦunok | 'zdatʃa | tʃaʲo'wi]

L'addition, s'il vous plaît.

Рахунок, будь ласка.
[ra'ɦunok, budʲ 'laska.]

Puis-je payer avec la carte?

Чи можу я заплатити карткою?
[tʃi 'mɔʒu ja zapla'titi 'kartkoʲu?]

Excusez-moi, je crois qu'il y a une
erreur ici.

Вибачте, тут помилка.
['wibatʃtɛ, tut po'milka.]

Shopping. Faire les Magasins

Est-ce que je peux vous aider?
Чи можу я вам допомогти?
[t͡ʃi 'mɔʒu ja wam dopomoɦ'ti?]

Avez-vous ... ?
У вас є ...?
[u was 'ɛ ...?]

Je cherche ...
Я шукаю ...
[ja ʃu'kaʲu ...]

Il me faut ...
Мені потрібен ...
[mɛ'ni po'tribɛn ...]

Je regarde seulement, merci.
Я просто дивлюся.
[ja 'prɔsto 'diwlʲusʲa.]

Nous regardons seulement, merci.
Ми просто дивимося.
[mi 'prɔsto 'diwimosʲa.]

Je reviendrai plus tard.
Я зайду пізніше.
[ja zaj'du piz'niʃɛ.]

On reviendra plus tard.
Ми зайдемо пізніше.
[mi 'zajdɛmo piz'niʃɛ.]

Rabais | Soldes
знижки | розпродаж
['zniʒki | roz'prɔdaʒ]

Montrez-moi, s'il vous plaît ...
Покажіть мені, будь ласка ...
[poka'ʒitʲ mɛ'ni, budʲ 'laska ...]

Donnez-moi, s'il vous plaît ...
Дайте мені, будь ласка ...
['dajtɛ mɛ'ni, budʲ 'laska ...]

Est-ce que je peux l'essayer?
Чи можна мені це приміряти?
[t͡ʃi 'mɔʒna mɛ'ni t͡sɛ pri'mirʲati?]

Excusez-moi, où est la cabine d'essayage?
Вибачте, де примірювальна?
['wibat͡ʃtɛ, dɛ pri'mirʲuwalʲna?]

Quelle couleur aimeriez-vous?
Який колір ви хочете?
[ja'kij 'kolir wi 'hot͡ʃɛtɛ?]

taille | longueur
розмір | зріст
['rozmir | zrist]

Est-ce que la taille convient ?
Підійшло?
[pidij'ʃlɔ?]

Combien ça coûte?
Скільки це коштує?
['skilʲki t͡sɛ 'koʃtuɛ?]

C'est trop cher.
Це занадто дорого.
[t͡sɛ za'nadto 'dɔroɦo.]

Je vais le prendre.
Я візьму це.
[ja wizʲ'mu t͡sɛ.]

Excusez-moi, où est la caisse?
Вибачте, де каса?
['wibat͡ʃtɛ, dɛ 'kasa?]

Payerez-vous comptant ou par carte de crédit?	**Як ви будете платити? Готівкою чи кредиткою?** [jak wɨ 'budɛtɛ pla'tɨti? ɦo'tiwkoʲu ʧɨ krɛ'dɨtkoʲu?]
Comptant | par carte de crédit	**готівкою | карткою** [ɦo'tiwkoʲu | 'kartkoʲu]

Voulez-vous un reçu?	**Вам потрібен чек?** [wam po'tribɛn ʧɛk?]
Oui, s'il vous plaît.	**Так, будьте ласкаві.** [tak, 'budʲtɛ las'kawi.]
Non, ce n'est pas nécessaire.	**Ні, не потрібно. Дякую.** [ni, nɛ po'tribno. 'dʲakuʲu.]
Merci. Bonne journée!	**Дякую. На все добре!** ['dʲakuʲu. na wsɛ 'dɔbrɛ.]

En ville

Excusez-moi, …	**Вибачте, будь ласка …** ['wɨbatʃtɛ, budʲ 'laska …]
Je cherche …	**Я шукаю …** [ja ʃu'kaʲu …]
le métro	**метро** [mɛt'rɔ]
mon hôtel	**свій готель** [swij ɦo'tɛlʲ]
le cinéma	**кінотеатр** [kinotɛ'atr]
un arrêt de taxi	**стоянку таксі** [stoˈʲanku tak'si]
un distributeur	**банкомат** [banko'mat]
un bureau de change	**обмін валют** ['ɔbmin wa'lʲut]
un café internet	**інтернет-кафе** [intɛrˈnɛt-ka'fɛ]
la rue …	**вулицю …** ['wulɨtsʲu …]
cette place-ci	**ось це місце** [osʲ tsɛ 'mistsɛ]
Savez-vous où se trouve …?	**Чи не знаєте Ви, де знаходиться …?** [tʃɨ nɛ 'znaɛtɛ wɨ, dɛ zna'ɦodɨtsʲa …?]
Quelle est cette rue?	**Як називається ця вулиця?** [jak nazɨ'waɛtsʲa tsʲa 'wulɨtsʲa?]
Montrez-moi où sommes-nous, s'il vous plaît.	**Покажіть, де ми зараз.** [poka'ʒitʲ, dɛ mɨ 'zaraz.]
Est-ce que je peux y aller à pied?	**Я дійду туди пішки?** [ja dij'du tu'dɨ 'piʃkɨ?]
Avez-vous une carte de la ville?	**У вас є карта міста?** [u was 'ɛ 'karta 'mista?]
C'est combien pour un ticket?	**Скільки коштує вхідний квиток?** ['skilʲkɨ 'koʃtuɛ whid'nɨj kwɨ'tɔk?]
Est-ce que je peux faire des photos?	**Чи можна тут фотографувати?** [tʃɨ 'mɔʒna tut fotoɦrafu'watɨ?]
Êtes-vous ouvert?	**Ви відкриті?** [wɨ widk'rɨti?]

À quelle heure ouvrez-vous?

О котрій ви відкриваєтесь?
[o kotˈrij wi widkriˈwaɛtɛsʲ?]

À quelle heure fermez-vous?

До котрої години ви працюєте?
[do koˈtrɔi ɦoˈdini wi praˈtsʲuɛtɛ?]

L'argent

argent	**гроші** ['ɦrɔʃi]
argent liquide	**готівкові гроші** [ɦotiw'kɔwi 'ɦrɔʃi]
des billets	**паперові гроші** [papɛ'rɔwi 'ɦrɔʃi]
petite monnaie	**дрібні гроші** [drib'ni 'ɦrɔʃi]
l'addition | de la monnaie | le pourboire	**рахунок | здача | чайові** [ra'ɦunok | 'zdatʃa | tʃaʲo'wi]
carte de crédit	**кредитна картка** [krɛ'ditna 'kartka]
portefeuille	**гаманець** [ɦama'nɛts]
acheter	**купувати** [kupu'wati]
payer	**платити** [pla'titi]
amende	**штраф** ['ʃtraf]
gratuit	**безкоштовно** [bɛzkoʃ'tɔwno]
Où puis-je acheter … ?	**Де я можу купити …?** [dɛ ja 'mɔʒu ku'piti …?]
Est-ce que la banque est ouverte en ce moment?	**Чи відкритий зараз банк?** [tʃi wid'kritij 'zaraz bank?]
À quelle heure ouvre-t-elle?	**О котрій він відкривається?** [o kot'rij win widkri'waɛtʲsʲa?]
À quelle heure ferme-t-elle?	**До котрої години він працює?** [do ko'trɔi ɦo'dini win pra'tsʲuɛ?]
C'est combien?	**Скільки?** ['skilʲki?]
Combien ça coûte?	**Скільки це коштує?** ['skilʲki tsɛ 'koʃtuɛ?]
C'est trop cher.	**Це занадто дорого.** [tsɛ za'nadto 'dɔroɦo.]
Excusez-moi, où est la caisse?	**Вибачте, де каса?** ['wibatʃtɛ, dɛ 'kasa?]
L'addition, s'il vous plaît.	**Рахунок, будь ласка.** [ra'ɦunok, budʲ 'laska.]

Puis-je payer avec la carte?

Чи можу я заплатити карткою?
[tʃi 'mɔʒu ja zapla'titi 'kartkoʲu?]

Est-ce qu'il y a un distributeur ici?

Тут є банкомат?
[tut ɛ banko'mat?]

Je cherche un distributeur.

Мені потрібен банкомат.
[mɛ'ni po'tribɛn banko'mat.]

Je cherche un bureau de change.

Я шукаю обмін валют.
[ja ʃu'kaʲu 'ɔbmin wa'lʲut.]

Je voudrais changer ...

Я б хотів /хотіла/ поміняти ...
[ja b ho'tiw /ho'tila/ pomi'nʲati ...]

Quel est le taux de change?

Який курс обміну?
[ja'kij kurs 'ɔbminu?]

Avez-vous besoin de mon passeport?

Вам потрібен мій паспорт?
[wam po'tribɛn mij 'pasport?]

Le temps

Quelle heure est-il?	**Котра година?** [ko'tra ɦo'dina?]
Quand?	**Коли?** [ko'li?]

À quelle heure?	**О котрій?** [o kot'rij?]
maintenant | plus tard | après …	**зараз | пізніше | після …** ['zaraz | piz'niʃɛ | 'pislʲa …]

une heure	**перша година дня** ['pɛrʃa ɦo'dina dnʲa]
une heure et quart	**п'ятнадцять на другу** [pʲat'nadtsʲatʲ na 'druɦu]
une heure et demie	**половина другої** [polo'wina 'druɦoi]
deux heures moins quart	**за п'ятнадцять друга** [za pʲat'nattsʲatʲ 'druɦa]

un | deux | trois	**один | два | три** [o'din | dwa | tri]
quatre | cinq | six	**чотири | п'ять | шість** [tʃo'tiri | 'pʲatʲ | ʃistʲ]
sept | huit | neuf	**сім | вісім | дев'ять** [sim | 'wisim | 'dɛwʲatʲ]
dix | onze | douze	**десять | одинадцять | дванадцять** ['dɛsʲatʲ | odi'nadtsʲatʲ | dwa'nadtsʲatʲ]

dans …	**через …** ['tʃɛrɛz …]
cinq minutes	**5 хвилин** ['pʲatʲ hwi'lin]
dix minutes	**10 хвилин** ['dɛsʲatʲ hwi'lin]
quinze minutes	**15 хвилин** [pʲat'nadtsʲatʲ hwi'lin]
vingt minutes	**20 хвилин** ['dwadtsʲatʲ hwi'lin]

une demi-heure	**півгодини** [piwɦo'dini]
une heure	**одна година** [od'na ɦo'dina]

dans la matinée | **вранці**
['wranʦi]

tôt le matin | **рано вранці**
['rano 'wranʦi]

ce matin | **сьогодні вранці**
[sʲo'hɔdni 'wranʦi]

demain matin | **завтра вранці**
['zawtra 'wranʦi]

à midi | **в обід**
[w o'bid]

dans l'après-midi | **після обіду**
['pislʲa o'bidu]

dans la soirée | **ввечері**
['wvɛʧɛri]

ce soir | **сьогодні ввечері**
[sʲo'hɔdni 'wvɛʧɛri]

la nuit | **вночі**
[wno'ʧi]

hier | **вчора**
['wʧɔra]

aujourd'hui | **сьогодні**
[sʲo'hɔdni]

demain | **завтра**
['zawtra]

après-demain | **післязавтра**
[pislʲa'zawtra]

Quel jour sommes-nous aujourd'hui? | **Який сьогодні день?**
[ja'kij sʲo'hɔdni dɛnʲ?]

Nous sommes … | **Сьогодні …**
[sʲo'hɔdni …]

lundi | **понеділок**
[ponɛ'dilok]

mardi | **вівторок**
[wiw'tɔrok]

mercredi | **середа**
[sɛrɛ'da]

jeudi | **четвер**
[ʧɛt'wɛr]

vendredi | **п'ятниця**
['pʲatniʦʲa]

samedi | **субота**
[su'bɔta]

dimanche | **неділя**
[nɛ'dilʲa]

Salutations - Introductions

Bonjour.	**Добрий день.** ['dɔbrɪj dɛnʲ.]
Enchanté /Enchantée/	**Радий /рада/ з вами познайомитися.** ['radɪj /'rada/ z 'wamɪ pozna'jɔmɪtisʲa.]
Moi aussi.	**Я теж.** [ja tɛʒ.]
Je voudrais vous présenter …	**Знайомтеся. Це …** [zna'jɔmtɛsʲa. ʦɛ …]
Ravi /Ravie/ de vous rencontrer.	**Дуже приємно.** ['duʒɛ prɪ'ɛmno.]

Comment allez-vous?	**Як ви? Як у вас справи?** [jak wɪ? jak u was 'sprawɪ?]
Je m'appelle …	**Мене звуть …** [mɛ'nɛ zwutʲ …]
Il s'appelle …	**Його звуть …** [ʲo'ɦɔ zwutʲ …]
Elle s'appelle …	**Її звуть …** [iɪ 'zwutʲ …]

Comment vous appelez-vous?	**Як вас звуть?** [jak was 'zwutʲ?]
Quel est son nom?	**Як його звуть?** [jak ʲo'ɦɔ zwutʲ?]
Quel est son nom?	**Як її звуть?** [jak iɪ 'zwutʲ?]

Quel est votre nom de famille?	**Яке ваше прізвище?** [ja'kɛ 'waʃɛ 'prizwiɕɛ?]
Vous pouvez m'appeler …	**Називайте мене …** [nazɪ'wajtɛ mɛ'nɛ …]
D'où êtes-vous?	**Звідки ви?** ['zwidkɪ wɪ?]
Je suis de …	**Я з …** [ja z …]
Qu'est-ce que vous faites dans la vie?	**Ким ви працюєте?** [kɪm wɪ pra'ʦʲuɛtɛ?]

Qui est-ce?	**Хто це?** [hto ʦɛ?]
Qui est-il?	**Хто він?** [hto win?]
Qui est-elle?	**Хто вона?** [hto wo'na?]

Qui sont-ils?

Хто вони?
[hto wo'ni?]

C'est ...

Це ...
[ʦɛ …]

mon ami

мій друг
[mij druɦ]

mon amie

моя подруга
[mo'ʲa 'pɔdruɦa]

mon mari

мій чоловік
[mij ʧolo'wik]

ma femme

моя дружина
[mo'ʲa dru'ʒina]

---

mon père

мій батько
[mij 'batʲko]

ma mère

моя мама
[mo'ʲa 'mama]

mon frère

мій брат
[mij brat]

ma sœur

моя сестра
[mo'ʲa sɛst'ra]

mon fils

мій син
[mij sin]

ma fille

моя дочка
[mo'ʲa doʧʲka]

C'est notre fils.

Це наш син.
[ʦɛ naʃ sin.]

C'est notre fille.

Це наша дочка.
[ʦɛ 'naʃa doʧʲka.]

Ce sont mes enfants.

Це мої діти.
[ʦɛ mo'ï 'diti.]

Ce sont nos enfants.

Це наші діти.
[ʦɛ 'naʃi 'diti.]

Les adieux

Au revoir!

До побачення!
[do poˈbatʃɛnʲa!]

Salut!

Бувай!
[buˈwaj!]

À demain.

До завтра.
[do ˈzawtra.]

À bientôt.

До зустрічі.
[do ˈzustritʃi.]

On se revoit à sept heures.

Зустрінемось о сьомій.
[zustˈrinɛmosʲ o ˈsʲɔmij.]

Amusez-vous bien!

Розважайтеся!
[rozwaˈʒajtɛsʲa!]

On se voit plus tard.

Поговоримо пізніше.
[poɦoˈwɔrimo pizˈniʃɛ.]

Bonne fin de semaine.

Вдалих вихідних.
[ˈwdalih wihidˈnih.]

Bonne nuit.

На добраніч.
[na doˈbranitʃ.]

Il est l'heure que je parte.

Мені вже час.
[mɛˈni wʒɛ tʃas.]

Je dois m'en aller.

Мушу йти.
[ˈmuʃu jtɨ.]

Je reviens tout de suite.

Я зараз повернусь.
[ja ˈzaraz powɛrˈnusʲ.]

Il est tard.

Вже пізно.
[wʒɛ ˈpizno.]

Je dois me lever tôt.

Мені рано вставати.
[mɛˈni ˈrano wstaˈwati.]

Je pars demain.

Я завтра від'їжджаю.
[ja ˈzawtra widˀiʒˈdʒaʲu.]

Nous partons demain.

Ми завтра від'їжджаємо.
[mɨ ˈzawtra widˀiʒˈdʒaɛmo.]

Bon voyage!

Щасливої поїздки!
[ɕasˈlɨwoi poˈizdki!]

Enchanté de faire votre connaissance.

**Було приємно з вами
познайомитися.**
[buˈlɔ priˈɛmno z ˈwami
poznaˈjɔmitisʲa.]

Heureux /Heureuse/ d'avoir
parlé avec vous.

**Було приємно з вами
поспілкуватися.**
[bu'lɔ pri'ɛmno z 'wamɨ
pospilku'watɨsʲa.]

Merci pour tout.

Дякую за все.
['dʲakuʲu za wsɛ.]

Je me suis vraiment amusé /amusée/

Я чудово провів /провела/ час.
[ja ʧu'dɔwo pro'wiw /prowɛ'la/ ʧas.]

Nous nous sommes vraiment
amusés /amusées/

Ми чудово провели час.
[mɨ ʧu'dɔwo prowɛ'lɨ ʧas.]

C'était vraiment plaisant.

Все було чудово.
[wsɛ bu'lɔ ʧu'dɔwo.]

Vous allez me manquer.

Я буду сумувати.
[ja 'budu sumu'watɨ.]

Vous allez nous manquer.

Ми будемо сумувати.
[mɨ 'budɛmo sumu'watɨ.]

Bonne chance!

Успіхів! Щасливо!
['uspihiw! ɕas'lɨwo!]

Mes salutations à …

Передавайте вітання …
[pɛrɛda'wajtɛ wi'tanʲa …]

Une langue étrangère

Je ne comprends pas.
Я не розумію.
[ja nɛ rozu'mi⁺u.]

Écrivez-le, s'il vous plaît.
Напишіть це, будь ласка.
[napi'ʃit⁺ ʦɛ, bud⁺ 'laska.]

Parlez-vous ...?
Ви знаєте ...?
[wɨ 'znaɛtɛ ...?]

Je parle un peu ...
Я трохи знаю ...
[ja 'trɔhɨ zna⁺u ...]

anglais
англійська
[anɦ'lijs⁺ka]

turc
турецька
[tu'rɛʦka]

arabe
арабська
[a'rabs⁺ka]

français
французька
[fran'ʦuz⁺ka]

allemand
німецька
[ni'mɛʦka]

italien
італійська
[ita'lijs⁺ka]

espagnol
іспанська
[is'pans⁺ka]

portugais
португальська
[portu'ɦal⁺s⁺ka]

chinois
китайська
[kɨ'tajs⁺ka]

japonais
японська
[ja'pɔns⁺ka]

Pouvez-vous le répéter, s'il vous plaît.
Повторіть, будь ласка.
[powto'rit⁺, bud⁺ 'laska.]

Je comprends.
Я розумію.
[ja rozu'mi⁺u.]

Je ne comprends pas.
Я не розумію.
[ja nɛ rozu'mi⁺u.]

Parlez plus lentement, s'il vous plaît.
Говоріть повільніше, будь ласка.
[ɦowo'rit⁺ po'wil⁺niʃɛ, 'bud⁺ 'laska.]

Est-ce que c'est correct?
Це правильно?
[ʦɛ 'prawil⁺no?]

Qu'est-ce que c'est?
Що це?
[ɕo 'ʦɛ?]

Les excuses

Excusez-moi, s'il vous plaît.

Вибачте, будь ласка.
['wibatʃtɛ, budʲ 'laska.]

Je suis désolé /désolée/

Мені шкода.
[mɛ'ni 'ʃkɔda.]

Je suis vraiment /désolée/

Мені дуже шкода.
[mɛ'ni 'duʒɛ 'ʃkɔda.]

Désolé /Désolée/, c'est ma faute.

Винен /Винна/, це моя вина.
['winɛn /'wina/ , ʦɛ mo'ʲa wi'na.]

Au temps pour moi.

Моя помилка.
[mo'ʲa po'milka.]

Puis-je ... ?

Чи можу я ...?
[ʧi 'mɔʒu ja ...?]

Ça vous dérange si je ...?

Ви не заперечуватимете, якщо я ...?
[wi nɛ zapɛ'rɛʧuwatimɛtɛ, jak'ɕɔ ja ...?]

Ce n'est pas grave.

Нічого страшного.
[ni'ʧɔɦo straʃ'nɔɦo.]

Ça va.

Все гаразд.
[wsɛ ɦa'razd.]

Ne vous inquiétez pas.

Не турбуйтесь.
[nɛ tur'bujtɛsʲ.]

Les accords

Oui
Так.
[tak.]

Oui, bien sûr.
Так, звичайно.
[tak, zwɨ'ʧajno.]

Bien.
Добре!
['dɔbrɛ!]

Très bien.
Дуже добре.
['duʒɛ 'dɔbrɛ.]

Bien sûr!
Звичайно!
[zwɨ'ʧajno!]

Je suis d'accord.
Я згідний /згідна/.
[ja 'zɦidnɨj /'zɦidna/.]

C'est correct.
Вірно.
['wirno.]

C'est exact.
Правильно.
['prawɨlʲno.]

Vous avez raison.
Ви праві.
[wɨ pra'wi.]

Je ne suis pas contre.
Я не заперечую.
[ja nɛ zapɛ'rɛʧuʲu.]

Tout à fait correct.
Абсолютно вірно.
[abso'lʲutno 'wirno.]

C'est possible.
Це можливо.
[ʦɛ moʒ'lɨwo.]

C'est une bonne idée.
Це гарна думка.
[ʦɛ 'ɦarna 'dumka.]

Je ne peux pas dire non.
Не можу відмовити.
[nɛ 'mɔʒu wid'mɔwɨtɨ.]

J'en serai ravi /ravie/
Буду радий /рада/.
['budu 'radɨj /'rada/.]

Avec plaisir.
Із задоволенням.
[iz zado'wɔlɛnjam.]

Refus, exprimer le doute

Non
Ні.
[ni.]

Absolument pas.
Звичайно, ні.
[zwi'tʃajno, ni.]

Je ne suis pas d'accord.
Я не згідний /згідна/.
[ja nɛ 'zɦidnij /'zɦidna/.]

Je ne le crois pas.
Я так не думаю.
[ja tak nɛ 'dumaʲu.]

Ce n'est pas vrai.
Це неправда.
[tsɛ nɛ'prawda.]

Vous avez tort.
Ви неправі.
[wi nɛpra'wi.]

Je pense que vous avez tort.
Я думаю, що ви неправі.
[ja 'dumaʲu, ço wi nɛpra'wi.]

Je ne suis pas sûr /sûre/
Не впевнений /впевнена/.
[nɛ 'wpɛwnɛnij /'wpɛwnɛna/.]

C'est impossible.
Це неможливо.
[tsɛ nɛmoʒ'liwo.]

Pas du tout!
Нічого подібного!
[ni'tʃoɦo po'dibnoɦo!]

Au contraire!
Навпаки!
[nawpa'ki!]

Je suis contre.
Я проти.
[ja 'prɔti.]

Ça m'est égal.
Мені все одно.
[mɛ'ni wsɛ od'nɔ.]

Je n'ai aucune idée.
Гадки не маю.
['ɦadki nɛ 'maʲu.]

Je doute que cela soit ainsi.
Сумніваюся, що це так.
[sumni'waʲusʲa, ço tsɛ tak.]

Désolé /Désolée/, je ne peux pas.
Вибачте, я не можу.
['wibatʃtɛ, ja nɛ 'mɔʒu.]

Désolé /Désolée/, je ne veux pas.
Вибачте, я не хочу.
['wibatʃtɛ, ja nɛ 'hɔtʃu.]

Merci, mais ça ne m'intéresse pas.
Дякую, мені це не потрібно.
['dʲakuʲu, mɛ'ni tsɛ nɛ pot'ribno.]

Il se fait tard.
Вже пізно.
[wʒɛ 'pizno.]

Je dois me lever tôt.

Мені рано вставати.
[mɛˈni ˈrano wstaˈwatɪ.]

Je ne me sens pas bien.

Я погано себе почуваю.
[ja poˈɦano sɛˈbɛ potʃuˈwaʲu.]

Exprimer la gratitude

Merci.
Дякую.
['dʲakuʲu.]

Merci beaucoup.
Дуже дякую.
['duʒɛ 'dʲakuʲu.]

Je l'apprécie beaucoup.
Дуже вдячний /вдячна/.
['duʒɛ 'wdʲatʃnij /'wdʲatʃna/.]

Je vous suis très reconnaissant.
Я вам вдячний /вдячна/.
[ja wam 'wdʲatʃnij /'wdʲatʃna/.]

Nous vous sommes très reconnaissant.
Ми Вам вдячні.
[mɨ wam 'wdʲatʃni.]

Merci pour votre temps.
Дякую, що витратили час.
['dʲakuʲu, ɕo 'witratili tʃas.]

Merci pour tout.
Дякую за все.
['dʲakuʲu za wsɛ.]

Merci pour ...
Дякую за ...
['dʲakuʲu za ...]

votre aide
вашу допомогу
['waʃu dopo'moɦu]

les bons moments passés
гарний час
['ɦarnij tʃas]

un repas merveilleux
чудову їжу
[tʃu'dowu 'iʒu]

cette agréable soirée
приємний вечір
[pri'ɛmnij 'wɛtʃir]

cette merveilleuse journée
чудовий день
[tʃu'dowij dɛnʲ]

une excursion extraordinaire
цікаву екскурсію
[tsi'kawu ɛks'kursiʲu]

Il n'y a pas de quoi.
Нема за що.
[nɛ'ma za ɕo.]

Vous êtes les bienvenus.
Не варто дякувати.
[nɛ 'warto 'dʲakuwati.]

Mon plaisir.
Завжди будь ласка.
[za'wʒdɨ budʲ 'laska.]

J'ai été heureux /heureuse/
de vous aider.
Був радий /Була рада/ допомогти.
[buw 'radij /bu'la 'rada/ dopomoɦ'ti.]

Ça va. N'y pensez plus.
Забудьте. Все гаразд.
[za'budʲtɛ wsɛ ɦa'razd.]

Ne vous inquiétez pas.
Не турбуйтесь.
[nɛ tur'bujtɛsʲ.]

Félicitations. Vœux de fête

Félicitations!	**Вітаю!**
	[wi'ta^ju!]
Joyeux anniversaire!	**З Днем народження!**
	[z dnɛm na'rɔdʒɛnʲa!]
Joyeux Noël!	**Веселого Різдва!**
	[wɛ'sɛloɦo rizd'wa!]
Bonne Année!	**З Новим роком!**
	[z no'wim 'rɔkom!]
Joyeuses Pâques!	**Зі Світлим Великоднем!**
	[zi 'switlim wɛ'likodnɛm!]
Joyeux Hanoukka!	**Щасливої Хануки!**
	[ɕas'liwoi ɦa'nuki!]
Je voudrais proposer un toast.	**У мене є тост.**
	[u 'mɛnɛ ɛ tost.]
Santé!	**За ваше здоров'я!**
	[za 'waʃɛ zdo'rɔw^ʲa]
Buvons à …!	**Вип'ємо за …!**
	['wip^ʲɛmo za …!]
À notre succès!	**За наш успіх!**
	[za naʃ 'uspih!]
À votre succès!	**За ваш успіх!**
	[za waʃ 'uspih!]
Bonne chance!	**Успіхів!**
	['uspihiw!]
Bonne journée!	**Гарного вам дня!**
	['ɦarnoɦo wam dnʲa!]
Passez de bonnes vacances !	**Гарного вам відпочинку!**
	['ɦarnoɦo wam widpo'tʃinku!]
Bon voyage!	**Вдалої поїздки!**
	['wdaloi po'izdki!]
Rétablissez-vous vite.	**Бажаю вам швидкого одужання!**
	[ba'ʒa^ju wam ʃwid'kɔɦo o'duʒanʲa!]

Socialiser

Pourquoi êtes-vous si triste?	**Чому ви засмучені?** [tʃoˈmu wɨ zasˈmutʃɛni?]
Souriez!	**Посміхніться!** [posmihˈnitʲsʲa!]
Êtes-vous libre ce soir?	**Ви не зайняті сьогодні ввечері?** [wɨ nɛ ˈzajnʲati sʲoˈɦɔdni ˈwwɛtʃɛri?]
Puis-je vous offrir un verre?	**Чи можу я запропонувати вам випити?** [tʃɨ ˈmɔʒu ja zaproponuˈwatɨ wam ˈwɨpɨtɨ?]
Voulez-vous danser?	**Чи не хочете потанцювати?** [tʃɨ nɛ ˈhɔtʃɛtɛ potantsʲuˈwati?]
Et si on va au cinéma?	**Може сходимо в кіно?** [ˈmɔʒɛ ˈshɔdɨmo w kiˈnɔ?]
Puis-je vous inviter …	**Чи можна запросити вас в …?** [tʃɨ ˈmɔʒna zaproˈsɨtɨ was w …?]
au restaurant	**ресторан** [rɛstoˈran]
au cinéma	**кіно** [kiˈnɔ]
au théâtre	**театр** [tɛˈatr]
pour une promenade	**на прогулянку** [na proˈɦulʲanku]
À quelle heure?	**О котрій?** [o kotˈrij?]
ce soir	**сьогодні ввечері** [sʲoˈɦɔdni ˈwwɛtʃɛri]
à six heures	**о 6 годині** [o ˈʃɔstij ɦoˈdɨni]
à sept heures	**о 7 годині** [o ˈsʲɔmij ɦoˈdɨni]
à huit heures	**о 8 годині** [o ˈwɔsʲmij ɦoˈdɨni]
à neuf heures	**о 9 годині** [o dɛˈwjatij ɦoˈdɨni]
Est-ce que vous aimez cet endroit?	**Вам тут подобається?** [wam tut poˈdɔbaɛtʲsʲa?]
Êtes-vous ici avec quelqu'un?	**Ви тут з кимось?** [wɨ tut z ˈkɨmosʲ?]

Je suis avec mon ami.

Я з другом /подругою/.
[ja z 'druɦom /'pɔdruɦoʲu/.]

Je suis avec mes amis.

Я з друзями.
[ja z 'druzʲamɨ.]

Non, je suis seul /seule/

Я один /одна/.
[ja o'dɨn /od'na/.]

As-tu un copain?

У тебе є приятель?
[u 'tɛbɛ ɛ 'prɪjatɛlʲ?]

J'ai un copain.

У мене є друг.
[u 'mɛnɛ ɛ druɦ.]

As-tu une copine?

У тебе є подружка?
[u 'tɛbɛ ɛ 'pɔdruʒka?]

J'ai une copine.

У мене є дівчина.
[u 'mɛnɛ ɛ 'diwtʃina.]

Est-ce que je peux te revoir?

Ми ще зустрінемося?
[mɨ ɕɛ zu'strinɛmosʲa?]

Est-ce que je peux t'appeler?

Чи можна тобі подзвонити?
[tʃɨ 'mɔʒna to'bi zatɛlɛfonu'wati?]

Appelle-moi.

Подзвони мені.
[podzwo'nɨ mɛ'ni.]

Quel est ton numéro?

Який у тебе номер?
[ja'kɨj u 'tɛbɛ 'nomɛr?]

Tu me manques.

Я сумую за тобою.
[ja su'muju za to'bɔʲu.]

Vous avez un très beau nom.

У вас дуже гарне ім'я.
[u was 'duʒɛ 'ɦarnɛ im'ʲa.]

Je t'aime.

Я тебе кохаю.
[ja tɛbɛ ko'haʲu.]

Veux-tu te marier avec moi?

Виходь за мене.
[wɨ'hɔdʲ za 'mɛnɛ.]

Vous plaisantez!

Ви жартуєте!
[wɨ ʒar'tuɛtɛ!]

Je plaisante.

Я просто жартую.
[ja 'prɔsto ʒar'tuʲu.]

Êtes-vous sérieux /sérieuse/?

Ви серйозно?
[wɨ sɛr'jozno?]

Je suis sérieux /sérieuse/

Я серйозно.
[ja sɛr'jozno.]

Vraiment?!

Справді?!
['sprawdi?!]

C'est incroyable!

Це неймовірно!
[tsɛ nɛjmo'wirno]

Je ne vous crois pas.

Я вам не вірю.
[ja wam nɛ 'wirʲu.]

Je ne peux pas.

Я не можу.
[ja nɛ 'mɔʒu.]

Je ne sais pas.

Я не знаю.
[ja nɛ 'znaʲu.]

Je ne vous comprends pas

Я вас не розумію.
[ja was nɛ rozu'miʲu.]

Laissez-moi! Allez-vous-en!

Ідіть, будь ласка.
[i'ditʲ, budʲ 'laska.]

Laissez-moi tranquille!

Залиште мене в спокої!
[za'liʃtɛ mɛ'nɛ w 'spɔkoi!]

Je ne le supporte pas.

Я його терпіти не можу.
[ja ʲo'ɦɔ tɛr'piti nɛ 'mɔʒu.]

Vous êtes dégoûtant!

Ви огидні!
[wi o'ɦidni!]

Je vais appeler la police!

Я викличу поліцію!
[ja 'wiklitʃu po'litsiʲu!]

Partager des impressions. Émotions

J'aime ça.	**Мені це подобається.** [mɛ'ni tsɛ po'dɔbaɛtʲsʲa.]
C'est gentil.	**Дуже мило.** ['duʒɛ 'mɨlo.]
C'est super!	**Це чудово!** [tsɛ tʃu'dɔwo!]
C'est assez bien.	**Це непогано.** [tsɛ nɛpo'ɦano.]
Je n'aime pas ça.	**Мені це не подобається.** [mɛ'ni tsɛ nɛ po'dɔbaɛtʲsʲa.]
Ce n'est pas bien.	**Це недобре.** [tsɛ nɛ'dɔbrɛ.]
C'est mauvais.	**Це погано.** [tsɛ po'ɦano.]
Ce n'est pas bien du tout.	**Це дуже погано.** [tsɛ 'duʒɛ po'ɦano.]
C'est dégoûtant.	**Це огидно.** [tsɛ o'ɦɨdno.]
Je suis content /contente/	**Я щасливий /щаслива/.** [ja ɕas'lɨwɨj /ɕas'lɨwa/.]
Je suis heureux /heureuse/	**Я задоволений /задоволена/.** [ja zado'wɔlɛnɨj /zado'wɔlɛna/.]
Je suis amoureux /amoureuse/	**Я закоханий /закохана/.** [ja za'kɔhanɨj /za'kɔhana/.]
Je suis calme.	**Я спокійний /спокійна/.** [ja spo'kijnɨj /spo'kijna/.]
Je m'ennuie.	**Мені нудно.** [mɛ'ni 'nudno.]
Je suis fatigué /fatiguée/	**Я втомився /втомилася/.** [ja wto'mɨwsʲa /wto'mɨlasʲa/.]
Je suis triste.	**Мені сумно.** [mɛ'ni 'sumno.]
J'ai peur.	**Я наляканий /налякана/.** [ja na'lʲakanɨj /na'lʲakana/.]
Je suis fâché /fâchée/	**Я злюся.** [ja 'zlʲusʲa.]
Je suis inquiet /inquiète/	**Я хвилююся.** [ja hwɨ'lʲuʲusʲa.]
Je suis nerveux /nerveuse/	**Я нервую.** [ja nɛr'wuʲu.]

Je suis jaloux /jalouse/

Я заздрю.
[ja 'zazdrʲu.]

Je suis surpris /surprise/

Я здивований /здивована/.
[ja zdi'wɔwanij /zdi'wɔwana/.]

Je suis gêné /gênée/

Я спантеличений /спантеличена/.
[ja spantɛ'litʃɛnij /spantɛ'litʃɛna/.]

Problèmes. Accidents

J'ai un problème.
В мене проблема.
[w 'mɛnɛ prob'lɛma.]

Nous avons un problème.
У нас проблема.
[u nas prob'lɛma.]

Je suis perdu /perdue/
Я заблукав /заблукала/.
[ja zablu'kaw /zablu'kala/.]

J'ai manqué le dernier bus (train).
Я запізнився на останній автобус (поїзд).
[ja zapiz'niwsⁱa na os'tanij aw'tɔbus ('pɔizd).]

Je n'ai plus d'argent.
У мене зовсім не залишилося грошей.
[u 'mɛnɛ 'zɔwsim nɛ za'liʃilosⁱa 'ɦrɔʃej.]

J'ai perdu mon ...
Я загубив /загубила/ ...
[ja zaɦu'biw /zaɦu'bila/ ...]

On m'a volé mon ...
В мене вкрали ...
[w 'mɛnɛ 'wkralⁱ ...]

passeport
паспорт
['pasport]

portefeuille
гаманець
[ɦama'nɛts]

papiers
документи
[doku'mɛnti]

billet
квиток
[kwⁱ'tɔk]

argent
гроші
['ɦrɔʃi]

sac à main
сумку
['sumku]

appareil photo
фотоапарат
[fotoapa'rat]

portable
ноутбук
[nout'buk]

ma tablette
планшет
[plan'ʃɛt]

mobile
телефон
[tɛlɛ'fon]

Au secours!
Допоможіть!
[dopomo'ʒitⁱ]

Qu'est-il arrivé?
Що трапилося?
[ço 'trapilosⁱa?]

un incendie	**пожежа** [poˈʒɛʒa]
des coups de feu	**стрілянина** [strilʲaˈnina]
un meurtre	**вбивство** [ˈwbiwstwo]
une explosion	**вибух** [ˈwibuh]
une bagarre	**бійка** [ˈbijka]

Appelez la police!	**Викличте поліцію!** [ˈwiklitʃtɛ poˈlitsʲiʲu!]
Dépêchez-vous, s'il vous plaît!	**Будь ласка, швидше!** [budʲ ˈlaska, ˈʃwidʃɛ!]
Je cherche le commissariat de police.	**Я шукаю поліцейську дільницю.** [ja ʃuˈkaʲu poliˈtsɛjsʲku dilʲˈnitsʲu.]
Il me faut faire un appel.	**Мені треба зателефонувати.** [mɛˈni ˈtrɛba zatɛlɛfonuˈwati.]
Puis-je utiliser votre téléphone?	**Чи можна мені зателефонувати?** [tʃi ˈmoʒna mɛˈni zatɛlɛfonuˈwati?]

J'ai été …	**Мене ...** [mɛˈnɛ …]
agressé /agressée/	**пограбували** [pohrabuˈwali]
volé /volée/	**обікрали** [obiˈkrali]
violée	**зґвалтували** [zgwaltuˈwali]
attaqué /attaquée/	**побили** [poˈbili]

Est-ce que ça va?	**З вами все гаразд?** [z ˈwami wsɛ ɦaˈrazd?]
Avez-vous vu qui c'était?	**Ви бачили, хто це був?** [wi ˈbatʃili, hto tsɛ buw?]
Pourriez-vous reconnaître cette personne?	**Ви зможете його впізнати?** [wi ˈzmoʒɛtɛ ʲoˈɦo wpizˈnati?]
Vous êtes sûr?	**Ви точно впевнені?** [wi ˈtotʃno ˈwpɛwnɛni?]

Calmez-vous, s'il vous plaît.	**Будь ласка, заспокойтеся.** [budʲ ˈlaska, zaspoˈkojtɛsʲa.]
Calmez-vous!	**Спокійніше!** [spokijˈniʃɛ!]
Ne vous inquiétez pas.	**Не турбуйтесь.** [nɛ turˈbujtɛsʲ.]
Tout ira bien.	**Все буде добре.** [wsɛ ˈbudɛ ˈdobrɛ.]
Ça va. Tout va bien.	**Все гаразд.** [wsɛ ɦaˈrazd.]

Venez ici, s'il vous plaît.

Підійдіть, будь ласка.
[pidij'dit', bud' 'laska.]

J'ai des questions à vous poser.

У мене до вас кілька запитань.
[u 'mɛnɛ do was 'kilʲka zapɨ'tanʲ.]

Attendez un moment, s'il vous plaît.

Зачекайте, будь ласка.
[zatʃɛ'kajtɛ, budʲ 'laska.]

Avez-vous une carte d'identité?

У вас є документи?
[u was 'ɛ doku'mɛnti?]

Merci. Vous pouvez partir maintenant.

Дякую. Ви можете йти.
['dʲakuʲu. wɨ 'mɔʒɛtɛ jtɨ.]

Les mains derrière la tête!

Руки за голову!
['rukɨ za 'ɦɔlowu!]

Vous êtes arrêté!

Ви заарештовані!
[wɨ zaarɛʃ'tɔwani!]

Problèmes de santé

Aidez-moi, s'il vous plaît.
Допоможіть, будь ласка.
[dopomo'ʒitⁱ, budⁱ 'laska.]

Je ne me sens pas bien.
Мені погано.
[mɛ'ni po'ɦano.]

Mon mari ne se sent pas bien.
Моєму чоловікові погано.
[mo'ɛmu tʃolo'wikowi po'ɦano.]

Mon fils ...
Моєму сину ...
[mo'ɛmu 'sinu ...]

Mon père ...
Моєму батькові ...
[mo'ɛmu 'batⁱkowi ...]

Ma femme ne se sent pas bien.
Моїй дружині погано.
[mo'ij dru'ʒini po'ɦano.]

Ma fille ...
Моїй дочці ...
[mo'ij dotʃ'tsi ...]

Ma mère ...
Моїй матері ...
[mo'ij 'matɛri ...]

J'ai mal ...
У мене болить ...
[u 'mɛnɛ bo'litⁱ ...]

à la tête
голова
[ɦolo'wa]

à la gorge
горло
['ɦorlo]

à l'estomac
живіт
[ʒiⁱ'wit]

aux dents
зуб
[zub]

J'ai le vertige.
У мене паморочиться голова.
[u 'mɛnɛ 'pamorotʃitⁱsⁱa ɦolo'wa.]

Il a de la fièvre.
У нього температура.
[u 'njoɦo tɛmpɛra'tura.]

Elle a de la fièvre.
У неї температура.
[u nɛi tɛmpɛra'tura.]

Je ne peux pas respirer.
Я не можу дихати.
[ja nɛ 'moʒu 'diɦati.]

J'ai du mal à respirer.
Я задихаюсь.
[ja zadi'ɦaⁱusⁱ.]

Je suis asthmatique.
Я астматик.
[ja ast'matik.]

Je suis diabétique.
Я діабетик.
[ja dia'bɛtik.]

Je ne peux pas dormir.

В мене безсоння.
[w 'mɛnɛ bɛz'sɔnʲa.]

intoxication alimentaire

харчове отруєння
[hartʃo'wɛ ot'ruɛnʲa]

Ça fait mal ici.

Болить ось тут.
[bo'litʲ osʲ tut.]

Aidez-moi!

Допоможіть!
[dopomo'ʒitʲ!]

Je suis ici!

Я тут!
[ja tut!]

Nous sommes ici!

Ми тут!
[mɨ tut!]

Sortez-moi d'ici!

Витягніть мене!
['wɨtʲaɦnitʲ mɛ'nɛ!]

J'ai besoin d'un docteur.

Мені потрібен лікар.
[mɛ'ni po'tribɛn 'likar.]

Je ne peux pas bouger!

Я не можу рухатися.
[ja nɛ 'mɔʒu 'ruhatisʲa.]

Je ne peux pas bouger mes jambes.

Я не відчуваю ніг.
[ja nɛ widtʃu'waʲu niɦ.]

Je suis blessé /blessée/

Я поранений /поранена/.
[ja po'ranɛnij /po'ranɛna/.]

Est-ce que c'est sérieux?

Це серйозно?
[tsɛ sɛr'jozno?]

Mes papiers sont dans ma poche.

Мої документи в кишені.
[mo'i doku'mɛnti w ki'ʃɛni.]

Calmez-vous!

Заспокойтеся!
[zaspo'kojtɛsʲa!]

Puis-je utiliser votre téléphone?

Чи можна мені зателефонувати?
[tʃɨ 'mɔʒna mɛ'ni zatɛlɛfonu'wati?]

Appelez une ambulance!

Викличте швидку!
['wɨklitʃtɛ ʃwɨd'ku!]

C'est urgent!

Це терміново!
[tsɛ tɛrmi'nɔwo!]

C'est une urgence!

Це дуже терміново!
[tsɛ 'duʒɛ tɛrmi'nɔwo!]

Dépêchez-vous, s'il vous plaît!

Будь ласка, швидше!
[budʲ 'laska, 'ʃwɨdʃɛ!]

Appelez le docteur, s'il vous plaît.

Викличте лікаря, будь ласка.
['wɨklitʃtɛ 'likarʲa, budʲ 'laska.]

Où est l'hôpital?

Скажіть, де лікарня?
[ska'ʒitʲ, dɛ li'karnʲa?]

Comment vous sentez-vous?

Як ви себе почуваєте?
[jak wɨ sɛ'bɛ potʃu'waɛtɛ?]

Est-ce que ça va?

З вами все гаразд?
[z 'wami wsɛ ɦa'razd?]

Qu'est-il arrivé?

Що трапилося?
[ɕo 'trapilosʲa?]

Je me sens mieux maintenant.	**Мені вже краще.** [mɛ'ni wʒɛ 'kraɕɛ.]
Ça va. Tout va bien.	**Все гаразд.** [wsɛ ɦa'razd.]
Ça va.	**Все добре.** [wsɛ 'dɔbrɛ.]

À la pharmacie

pharmacie	**аптека** [apˈtɛka]
pharmacie 24 heures	**цілодобова аптека** [tsilodoˈbɔwa apˈtɛka]
Où se trouve la pharmacie la plus proche?	**Де найближча аптека?** [dɛ najbˈliʒtʃa apˈtɛka?]
Est-elle ouverte en ce moment?	**Вона зараз відкрита?** [woˈna ˈzaraz widˈkrita?]
À quelle heure ouvre-t-elle?	**О котрій вона відкривається?** [o kotˈrij woˈna widkriˈwaɛtʲsʲa?]
à quelle heure ferme-t-elle?	**До котрої години вона працює?** [do koˈtrɔi ɦoˈdini woˈna praˈtsʲuɛ?]
C'est loin?	**Це далеко?** [tsɛ daˈlɛko?]
Est-ce que je peux y aller à pied?	**Я дійду туди пішки?** [ja dijˈdu tuˈdi ˈpiʃki?]
Pouvez-vous me le montrer sur la carte?	**Покажіть мені на карті, будь ласка.** [pokaˈʒitʲ mɛˈni na ˈkarti, budʲ ˈlaska.]
Pouvez-vous me donner quelque chose contre ...	**Дайте мені, що-небудь від ...** [ˈdajtɛ mɛˈni, ɕo-ˈnɛbudʲ wid …]
le mal de tête	**головного болю** [ɦolowˈnɔɦo ˈbɔlʲu]
la toux	**кашлю** [ˈkaʃlʲu]
le rhume	**застуди** [zaˈstudi]
la grippe	**грипу** [ˈɦripu]
la fièvre	**температури** [tɛmpɛraˈturi]
un mal d'estomac	**болю в шлунку** [ˈbɔlʲu w ˈʃlunku]
la nausée	**нудоти** [nuˈdoti]
la diarrhée	**діареї** [diaˈrɛi]
la constipation	**запору** [zaˈpɔru]
un mal de dos	**біль у спині** [ˈbilʲ u spiˈni]

les douleurs de poitrine	**біль у грудях** ['bilʲ u 'ɦrudʲah]
les points de côté	**біль у боці** ['bilʲ u 'bɔtsi]
les douleurs abdominales	**біль в животі** ['bilʲ w ʒɨwo'ti]

une pilule	**таблетка** [tab'lɛtka]
un onguent, une crème	**мазь, крем** [mazʲ, krɛm]
un sirop	**сироп** [sɨ'rɔp]
un spray	**спрей** ['sprɛj]
les gouttes	**краплі** ['krapli]

Vous devez allez à l'hôpital.	**Вам потрібно в лікарню.** [wam po'tribno w li'karnʲu.]
assurance maladie	**страховка** [stra'hɔwka]
prescription	**рецепт** [rɛ'tsɛpt]
produit anti-insecte	**засіб від комах** ['zasib wid ko'mah]
bandages adhésifs	**лейкопластир** [lɛjko'plastɨr]

Les essentiels

Excusez-moi, …	**Вибачте, …** ['wɨbatʃtɛ, …]
Bonjour	**Добрий день.** ['dɔbrɨj dɛnʲ.]
Merci	**Дякую.** ['dʲakuʲu.]
Au revoir	**До побачення.** [do po'batʃɛnʲa.]
Oui	**Так.** [tak.]
Non	**Ні.** [ni.]
Je ne sais pas.	**Я не знаю.** [ja nɛ 'znaʲu.]
Où? | Où? | Quand?	**Де? | Куди? | Коли?** [dɛ? | ku'dɨ? | ko'lɨ?]
J'ai besoin de …	**Мені потрібен …** [mɛ'ni po'tribɛn …]
Je veux …	**Я хочу …** [ja 'hɔtʃu …]
Avez-vous … ?	**У вас є …?** [u was 'ɛ …?]
Est-ce qu'il y a … ici?	**Тут є …?** [tut ɛ …?]
Puis-je … ?	**Чи можна мені …?** [tʃɨ 'mɔʒna mɛ'ni …?]
s'il vous plaît (pour une demande)	**Будь ласка** [budʲ 'laska]
Je cherche …	**Я шукаю …** [ja ʃu'kaʲu …]
les toilettes	**туалет** [tua'lɛt]
un distributeur	**банкомат** [banko'mat]
une pharmacie	**аптеку** [ap'tɛku]
l'hôpital	**лікарню** [li'karnʲu]
le commissariat de police	**поліцейську дільницю** [poli'tsɛjsʲku dilʲ'nɨtsʲu]
une station de métro	**метро** [mɛt'rɔ]

un taxi	**таксі** [tak'si]
la gare	**вокзал** [wok'zal]

Je m'appelle ...	**Мене звуть ...** [mɛ'nɛ zwutʲ …]
Comment vous appelez-vous?	**Як вас звуть?** [jak was 'zwutʲ?]
Aidez-moi, s'il vous plaît.	**Допоможіть мені, будь ласка.** [dopomo'ʒitʲ mɛ'ni, budʲ 'laska.]
J'ai un problème.	**У мене проблема.** [u 'mɛnɛ prob'lɛma.]
Je ne me sens pas bien.	**Мені погано.** [mɛ'ni po'ɦano.]
Appelez une ambulance!	**Викличте швидку!** ['wiklitʃtɛ ʃwid'ku!]
Puis-je faire un appel?	**Чи можна мені зателефонувати?** [tʃi 'moʒna mɛ'ni zatɛlɛfonu'wati?]

Excusez-moi.	**Прошу вибачення** ['proʃu 'wibatʃɛnʲa]
Je vous en prie.	**Прошу** ['proʃu]

je, moi	**я** [ja]
tu, toi	**ти** [ti]
il	**він** [win]
elle	**вона** [wo'na]
ils	**вони** [wo'ni]
elles	**вони** [wo'ni]
nous	**ми** [mi]
vous	**ви** [wɨ]
Vous	**Ви** [wɨ]

ENTRÉE	**ВХІД** [whid]
SORTIE	**ВИХІД** ['wihid]
HORS SERVICE	EN PANNE	**НЕ ПРАЦЮЄ** [nɛ pra'tsʲuɛ]
FERMÉ	**ЗАКРИТО** [za'krito]

OUVERT

ВІДКРИТО
[wid'krito]

POUR LES FEMMES

ДЛЯ ЖІНОК
[dlʲa ʒi'nɔk]

POUR LES HOMMES

ДЛЯ ЧОЛОВІКІВ
[dlʲa tʃolowi'kiw]

DICTIONNAIRE CONCIS

Cette section contient plus
de 1500 mots les plus utilisés.
Le dictionnaire inclut beaucoup
de termes gastronomiques
et peut être utile lorsque
vous faites le marché
ou commandez des plats
au restaurant

T&P Books Publishing

CONTENU DU DICTIONNAIRE

T&P Books Publishing

1. Le temps. Le calendrier

temps (m)	час (с)	[ʧas]
heure (f)	година (ж)	[ɦoˈdina]
demi-heure (f)	півгодини (мн)	[piwɦoˈdini]
minute (f)	хвилина (ж)	[hwiˈlina]
seconde (f)	секунда (ж)	[sɛˈkunda]
aujourd'hui (adv)	сьогодні	[sʲoˈɦɔdni]
demain (adv)	завтра	[ˈzawtra]
hier (adv)	вчора	[ˈwʧɔra]
lundi (m)	понеділок (ч)	[pɔnɛˈdilok]
mardi (m)	вівторок (ч)	[wiwˈtɔrok]
mercredi (m)	середа (ж)	[sɛrɛˈda]
jeudi (m)	четвер (ч)	[ʧɛtˈwɛr]
vendredi (m)	п'ятниця (ж)	[ˈpʲiatnitsʲa]
samedi (m)	субота (ж)	[suˈbɔta]
dimanche (m)	неділя (ж)	[nɛˈdilʲa]
jour (m)	день (ч)	[dɛnʲ]
jour (m) ouvrable	робочий день (ч)	[roˈbɔʧij dɛnʲ]
jour (m) férié	святковий день (ч)	[swʲatˈkɔwij dɛnʲ]
week-end (m)	вихідні (мн)	[wihidˈni]
semaine (f)	тиждень (ч)	[ˈtiʒdɛnʲ]
la semaine dernière	на минулому тижні	[na miˈnulomu ˈtiʒni]
la semaine prochaine	на наступному тижні	[na naˈstupnomu ˈtiʒni]
lever (m) du soleil	схід (ч) сонця	[shid ˈsɔntsʲa]
coucher (m) du soleil	захід (ч)	[ˈzahid]
le matin	вранці	[ˈwrantsi]
dans l'après-midi	після обіду	[ˈpislʲa oˈbidu]
le soir	увечері	[uˈwɛʧɛri]
ce soir	сьогодні увечері	[sʲoˈɦɔdni uˈwɛʧɛri]
la nuit	уночі	[unoˈʧi]
minuit (f)	північ (ж)	[ˈpiwniʧ]
janvier (m)	січень (ч)	[ˈsiʧɛnʲ]
février (m)	лютий (ч)	[ˈlʲutij]
mars (m)	березень (ч)	[ˈbɛrɛzɛnʲ]
avril (m)	квітень (ч)	[ˈkwitɛnʲ]
mai (m)	травень (ч)	[ˈtrawɛnʲ]
juin (m)	червень (ч)	[ˈʧɛrwɛnʲ]
juillet (m)	липень (ч)	[ˈlipɛnʲ]
août (m)	серпень (ч)	[ˈsɛrpɛnʲ]

septembre (m)	вересень (ч)	['wɛrɛsɛnʲ]
octobre (m)	жовтень (ч)	['ʒɔwtɛnʲ]
novembre (m)	листопад (ч)	[łisto'pad]
décembre (m)	грудень (ч)	['ɦrudɛnʲ]

au printemps	навесні	[nawɛs'ni]
en été	влітку	['wlitku]
en automne	восени	[wosɛ'nʲ]
en hiver	взимку	['wzimku]

mois (m)	місяць (ч)	['misʲatʂs]
saison (f)	сезон (ч)	[sɛ'zɔn]
année (f)	рік (ч)	[rik]
siècle (m)	вік (ч)	[wik]

2. Nombres. Adjectifs numéraux

chiffre (m)	цифра (ж)	['tʂifra]
nombre (m)	число (с)	[tʂis'lo]
moins (m)	мінус (ч)	['minus]
plus (m)	плюс (ч)	[plʲus]
somme (f)	сума (ж)	['suma]

premier (adj)	перший	['pɛrʂij]
deuxième (adj)	другий	['druɦij]
troisième (adj)	третій	['trɛtij]

zéro	нуль	[nulʲ]
un	один	[o'dɨn]
deux	два	[dwa]
trois	три	[tri]
quatre	чотири	[tʂo'tɨri]

cinq	п'ять	[pʲˀatʲ]
six	шість	[ʃistʲ]
sept	сім	[sim]
huit	вісім	['wisim]
neuf	дев'ять	['dɛwʲˀatʲ]
dix	десять	['dɛsʲatʲ]

onze	одинадцять	[odɨ'nadtʂsʲatʲ]
douze	дванадцять	[dwa'nadtʂsʲatʲ]
treize	тринадцять	[tri'nadtʂsʲatʲ]
quatorze	чотирнадцять	[tʂotir'nadtʂsʲatʲ]
quinze	п'ятнадцять	[pʲˀat'nadtʂsʲatʲ]

seize	шістнадцять	[ʃist'nadtʂsʲatʲ]
dix-sept	сімнадцять	[sim'nadtʂsʲatʲ]
dix-huit	вісімнадцять	[wisim'nadtʂsʲatʲ]
dix-neuf	дев'ятнадцять	[dɛwʲˀat'nadtʂsʲatʲ]

vingt	двадцять	['dwad͡tsʲatʲ]
trente	тридцять	['trid͡tsʲatʲ]
quarante	сорок	['sɔrok]
cinquante	п'ятдесят	[pʲjatdɛ'sʲat]

soixante	шістдесят	[ʃizdɛ'sʲat]
soixante-dix	сімдесят	[simdɛ'sʲat]
quatre-vingts	вісімдесят	[wisimdɛ'sʲat]
quatre-vingt-dix	дев'яносто	[dɛwʲja'nɔsto]
cent	сто	[sto]
deux cents	двісті	['dwisti]
trois cents	триста	['trista]
quatre cents	чотириста	[t͡ʃo'tirista]
cinq cents	п'ятсот	[pʲja'tsɔt]

six cents	шістсот	[ʃist'sɔt]
sept cents	сімсот	[sim'sɔt]
huit cents	вісімсот	[wisim'sɔt]
neuf cents	дев'ятсот	[dɛwʲja'tsɔt]
mille	тисяча	['tisʲat͡ʃa]

dix mille	десять тисяч	['dɛsʲatʲ 'tisʲat͡ʃ]
cent mille	сто тисяч	[sto 'tisʲat͡ʃ]
million (m)	мільйон (ч)	[milʲ'jɔn]
milliard (m)	мільярд (ч)	[mi'ljard]

3. L'être humain. La famille

homme (m)	чоловік (ч)	[t͡ʃolo'wik]
jeune homme (m)	юнак (ч)	[ʲu'nak]
adolescent (m)	підліток (ч)	['pidlitok]
femme (f)	жінка (ж)	['ʒinka]
jeune fille (f)	дівчина (ж)	['diwt͡ʃina]

âge (m)	вік (ч)	[wik]
adulte (m)	дорослий	[do'rɔslij]
d'âge moyen (adj)	середніх років	[sɛ'rɛdnih ro'kiw]
âgé (adj)	похилий	[po'ɦilij]
vieux (adj)	старий	[sta'rij]

vieillard (m)	старий (ч)	[sta'rij]
vieille femme (f)	стара (ж)	[sta'ra]
retraite (f)	пенсія (ж)	['pɛnsʲia]
prendre sa retraite	вийти на пенсію	['wijti na 'pɛnsʲiu]
retraité (m)	пенсіонер (ч)	[pɛnsio'nɛr]

mère (f)	мати (ж)	['mati]
père (m)	батько (ч)	['batʲko]
fils (m)	син (ч)	[sin]
fille (f)	дочка (ж)	[dot͡ʃ'ka]

| frère (m) | брат (ч) | [brat] |
| sœur (f) | сестра (ж) | [sɛst'ra] |

parents (m pl)	батьки (мн)	[batⁱ'ki]
enfant (m, f)	дитина (ж)	[di'tina]
enfants (pl)	діти (мн)	['ditⁱ]
belle-mère (f)	мачуха (ж)	['matʃuha]
beau-père (m)	вітчим (ч)	['witʃim]

grand-mère (f)	бабуся (ж)	[ba'busⁱa]
grand-père (m)	дід (ч)	['did]
petit-fils (m)	онук (ч)	[o'nuk]
petite-fille (f)	онука (ж)	[o'nuka]
petits-enfants (pl)	онуки (мн)	[o'nukⁱ]

oncle (m)	дядько (ч)	['dⁱadⁱko]
tante (f)	тітка (ж)	['titka]
neveu (m)	племінник (ч)	[plɛ'minik]
nièce (f)	племінниця (ж)	[plɛ'minitsⁱa]

femme (f)	дружина (ж)	[dru'ʒina]
mari (m)	чоловік (ч)	[tʃolo'wik]
marié (adj)	одружений	[od'ruʒɛnij]
mariée (adj)	заміжня	[za'miʒnⁱa]
veuve (f)	вдова (ж)	[wdo'wa]
veuf (m)	вдівець (ч)	[wdi'wɛts]

| prénom (m) | ім'я (с) | [i'mⁱa] |
| nom (m) de famille | прізвище (с) | ['prizwiɕɛ] |

parent (m)	родич (ч)	['rɔditʃ]
ami (m)	товариш (ч)	[to'wariʃ]
amitié (f)	дружба (ж)	['druʒba]

partenaire (m)	партнер (ч)	[part'nɛr]
supérieur (m)	начальник (ч)	[na'tʃalⁱnik]
collègue (m, f)	колега (ч)	[ko'lɛɦa]
voisins (m pl)	сусіди (мн)	[su'sidⁱ]

4. Le corps humain. L'anatomie

organisme (m)	організм (ч)	[orɦa'nizm]
corps (m)	тіло (с)	['tilo]
cœur (m)	серце (с)	['sɛrtsɛ]
sang (m)	кров (ж)	[krow]
cerveau (m)	мозок (ч)	['mɔzok]
nerf (m)	нерв (ч)	[nɛrw]

| os (m) | кістка (ж) | ['kistka] |
| squelette (f) | скелет (ч) | [skɛ'lɛt] |

colonne (f) vertébrale	хребет (ч)	[hrɛ'bɛt]
côte (f)	ребро (с)	[rɛb'rɔ]
crâne (m)	череп (ч)	['ʧɛrɛp]
muscle (m)	м'яз (ч)	['mʲⁱaz]
poumons (m pl)	легені (мн)	[lɛ'ɦɛni]
peau (f)	шкіра (ж)	['ʃkira]
tête (f)	голова (ж)	[ɦolo'wa]
visage (m)	обличчя (с)	[ob'liʧʲa]
nez (m)	ніс (ч)	[nis]
front (m)	чоло (с)	[ʧo'lɔ]
joue (f)	щока (ж)	[ɕo'ka]
bouche (f)	рот (ч)	[rot]
langue (f)	язик (ч)	[ja'zik]
dent (f)	зуб (ч)	[zub]
lèvres (f pl)	губи (мн)	['ɦubi]
menton (m)	підборіддя (с)	[pidbo'riddʲa]
oreille (f)	вухо (с)	['wuho]
cou (m)	шия (ж)	['ʃⁱia]
gorge (f)	горло (с)	['ɦorlo]
œil (m)	око (с)	['ɔko]
pupille (f)	зіниця (ч)	[zi'niʦʲa]
sourcil (m)	брова (ж)	[bro'wa]
cil (m)	вія (ж)	['wⁱia]
cheveux (m pl)	волосся (с)	[wo'lɔssʲa]
coiffure (f)	зачіска (ж)	['zatʃiska]
moustache (f)	вуса (мн)	['wusa]
barbe (f)	борода (ж)	[boro'da]
porter (~ la barbe)	носити	[no'siti]
chauve (adj)	лисий	['lisij]
main (f)	кисть (ж)	[kistʲ]
bras (m)	рука (ж)	[ru'ka]
doigt (m)	палець (ч)	['palɛʦ]
ongle (m)	ніготь (ч)	['niɦotʲ]
paume (f)	долоня (ж)	[do'lonʲa]
épaule (f)	плече (с)	[plɛ'ʧɛ]
jambe (f)	гомілка (ж)	[ɦo'milka]
pied (m)	ступня (ж)	[stup'nʲa]
genou (m)	коліно (с)	[ko'lino]
talon (m)	п'ятка (ж)	['pʲⁱatka]
dos (m)	спина (ж)	['spina]
taille (f) (~ de guêpe)	талія (ж)	['taliⁱa]
grain (m) de beauté	родимка (ж)	['rodimka]
tache (f) de vin	родима пляма (ж)	[ro'dima 'plⁱama]

5. Les maladies. Les médicaments

santé (f)	здоров'я (с)	[zdo'rɔwʲa]
en bonne santé	здоровий	[zdo'rɔwɨj]
maladie (f)	хвороба (ж)	[hwo'rɔba]
être malade	хворіти	[hwo'ritɨ]
malade (adj)	хворий	['hwɔrɨj]

refroidissement (m)	застуда (ж)	[za'studa]
prendre froid	застудитися	[zastu'dɨtɨsʲa]
angine (f)	ангіна (ж)	[an'ɦina]
pneumonie (f)	запалення (с) легенів	[za'palɛnja lɛ'ɦɛniw]
grippe (f)	грип (ч)	[ɦrɨp]

rhume (m) (coryza)	нежить (ч)	['nɛʒɨtʲ]
toux (f)	кашель (ч)	['kaʃɛlʲ]
tousser (vi)	кашляти	['kaʃlʲatɨ]
éternuer (vi)	чхати	['ʧhatɨ]

insulte (f)	інсульт (ч)	[in'sulʲt]
crise (f) cardiaque	інфаркт (ч)	[in'farkt]
allergie (f)	алергія (ж)	[alɛr'ɦiʲa]
asthme (m)	астма (ж)	['astma]
diabète (m)	діабет (ч)	[dia'bɛt]

tumeur (f)	пухлина (ж)	[puh'lɨna]
cancer (m)	рак (ч)	[rak]
alcoolisme (m)	алкоголізм (ч)	[alkoɦo'lizm]
SIDA (m)	СНІД (ч)	[snid]
fièvre (f)	гарячка (ж)	[ɦa'rʲaʧka]
mal (m) de mer	морська хвороба (ж)	[morsʲ'ka hwo'rɔba]

bleu (m)	синець (ч)	[sɨ'nɛʦ]
bosse (f)	гуля (ж)	['ɦulʲa]
boiter (vi)	кульгати	[kulʲ'ɦatɨ]
foulure (f)	вивих (ч)	['wɨwɨh]
se démettre (l'épaule, etc.)	вивихнути	['wɨwɨhnutɨ]

fracture (f)	перелом (ч)	[pɛrɛ'lɔm]
brûlure (f)	опік (ч)	['ɔpik]
blessure (f)	ушкодження (с)	[uʃ'kɔdʒɛnʲa]
douleur (f)	біль (ч)	[bilʲ]
mal (m) de dents	зубний біль (ч)	[zub'nɨj bilʲ]

suer (vi)	спітніти	[spit'nitɨ]
sourd (adj)	глухий (ч)	[ɦlu'ɦɨj]
muet (adj)	німий (ч)	[ni'mɨj]

immunité (f)	імунітет (ч)	[imuni'tɛt]
virus (m)	вірус (ч)	['wirus]
microbe (m)	мікроб (ч)	[mik'rɔb]

bactérie (f)	бактерія (ж)	[bak'tɛriʲa]
infection (f)	інфекція (ж)	[in'fɛktsiʲa]
hôpital (m)	лікарня (ж)	[li'karnʲa]
cure (f) (faire une ~)	лікування (c)	[liku'wanʲa]
vacciner (vt)	робити щеплення	[ro'biti 'ɕɛplɛnʲa]
être dans le coma	бути в комі	['buti w 'kɔmi]
réanimation (f)	реанімація (ж)	[rɛani'matsiʲa]
symptôme (m)	симптом (ч)	[simp'tɔm]
pouls (m)	пульс (ч)	[pulʲs]

6. Les sensations. Les émotions. La communication

je	я	[ja]
tu	ти	[ti]
il	він	[win]
elle	вона	[wo'na]
nous	ми	[mi]
vous	ви	[wi]
ils, elles	вони	[wo'ni]
Bonjour! (fam.)	Здрастуй!	['zdrastuj]
Bonjour! (form.)	Здрастуйте!	['zdrastujtɛ]
Bonjour! (le matin)	Доброго ранку!	['dɔbroɦo 'ranku]
Bonjour! (après-midi)	Добрий день!	['dɔbrij dɛnʲ]
Bonsoir!	Добрий вечір!	['dɔbrij 'wɛtʃir]
dire bonjour	вітатися	[wi'tatisʲa]
saluer (vt)	вітати	[wi'tati]
Comment ça va?	Як справи?	[jak 'sprawi]
Au revoir!	До побачення!	[do po'batʃɛnʲa]
Merci!	Дякую!	['dʲakuʲu]
sentiments (m pl)	почуття (мн)	[potʃut'tʲa]
avoir faim	хотіти їсти	[ho'titi 'jisti]
avoir soif	хотіти пити	[ho'titi 'piti]
fatigué (adj)	втомлений	['wtɔmlɛnij]
s'inquiéter (vp)	хвилюватися	[hwilʲu'watisʲa]
s'énerver (vp)	нервуватися	[nɛrwu'watisʲa]
espoir (m)	надія (ж)	[na'diʲa]
espérer (vi)	сподіватися	[spodi'watisʲa]
caractère (m)	характер (ч)	[ha'raktɛr]
modeste (adj)	скромний	['skrɔmnij]
paresseux (adj)	ледачий	[lɛ'datʃij]
généreux (adj)	щедрий	['ɕɛdrij]
doué (adj)	талановитий	[talano'witij]
honnête (adj)	чесний	['tʃɛsnij]

sérieux (adj)	серйозний	[sɛrʲozniĵ]
timide (adj)	сором'язливий	[soro'mʲazlɨwiĵ]
sincère (adj)	щирий	[ˈɕɨrɨj]
peureux (m)	боягуз (ч)	[boja'ɦuz]
dormir (vi)	спати	[ˈspatɨ]
rëve (m)	сон (ч)	[son]
lit (m)	ліжко (с)	[ˈliʒko]
oreiller (m)	подушка (ж)	[poˈduʃka]
insomnie (f)	безсоння (с)	[bɛzˈsonʲa]
aller se coucher	йти спати	[jtɨ ˈspatɨ]
cauchemar (m)	страхіття (с)	[straˈhittʲa]
réveil (m)	будильник (ч)	[buˈdɨlʲnɨk]
sourire (m)	посмішка (ж)	[ˈpɔsmiʃka]
sourire (vi)	посміхатися	[posmiˈhatɨsʲa]
rire (vi)	сміятися	[smiˈʲatɨsʲa]
dispute (f)	сварка (ж)	[ˈswarka]
insulte (f)	образа (ж)	[obˈraza]
offense (f)	образа (ж)	[obˈraza]
fâché (adj)	сердитий	[sɛrˈdɨtɨj]

7. Les vêtements. Les accessoires personnels

vêtement (m)	одяг (ч)	[ˈɔdʲaɦ]
manteau (m)	пальто (с)	[palʲˈto]
manteau (m) de fourrure	шуба (ж)	[ˈʃuba]
veste (f) (~ en cuir)	куртка (ж)	[ˈkurtka]
imperméable (m)	плащ (ч)	[plaɕ]
chemise (f)	сорочка (ж)	[soˈrɔtʃka]
pantalon (m)	штани (мн)	[ʃtaˈnɨ]
veston (m)	піджак (ч)	[piˈdʒak]
complet (m)	костюм (ч)	[kosˈtʲum]
robe (f)	сукня (ж)	[ˈsuknʲa]
jupe (f)	спідниця (ж)	[spidˈnɨtsʲa]
tee-shirt (m)	футболка (ж)	[futˈbɔlka]
peignoir (m) de bain	халат (ч)	[haˈlat]
pyjama (m)	піжама (ж)	[piˈʒama]
tenue (f) de travail	робочий одяг (ж)	[roˈbɔtʃij ˈɔdʲaɦ]
sous-vêtements (m pl)	білизна (ж)	[biˈlɨzna]
chaussettes (f pl)	шкарпетки (мн)	[ʃkarˈpɛtkɨ]
soutien-gorge (m)	бюстгальтер (ч)	[bʲustˈhalʲtɛr]
collants (m pl)	колготки (мн)	[kolˈhɔtkɨ]
bas (m pl)	панчохи (мн)	[panˈtʃohɨ]
maillot (m) de bain	купальник (ч)	[kuˈpalʲnɨk]
chapeau (m)	шапка (ж)	[ˈʃapka]

chaussures (f pl)	**взуття** (с)	[wzut'tʲa]
bottes (f pl)	**чоботи** (мн)	['tʃobotɨ]
talon (m)	**каблук** (ч)	[kab'luk]
lacet (m)	**шнурок** (ч)	[ʃnu'rɔk]
cirage (m)	**крем** (ч) **для взуття**	[krɛm dlʲa wzut'tʲa]
coton (m)	**бавовна** (ж)	[ba'wɔwna]
laine (f)	**вовна** (ж)	['wɔwna]
fourrure (f)	**хутро** (с)	['hutro]
gants (m pl)	**рукавички** (мн)	[ruka'witʃkɨ]
moufles (f pl)	**рукавиці** (мн)	[ruka'witsi]
écharpe (f)	**шарф** (ч)	[ʃarf]
lunettes (f pl)	**окуляри** (мн)	[oku'lʲari]
parapluie (m)	**парасолька** (ж)	[para'sɔlʲka]
cravate (f)	**краватка** (ж)	[kra'watka]
mouchoir (m)	**носовичок** (ч)	[nosowi'tʃɔk]
peigne (m)	**гребінець** (ч)	[hrɛbi'nɛts]
brosse (f) à cheveux	**щітка** (ж) **для волосся**	['çitka dlʲa wo'lɔssʲa]
boucle (f)	**пряжка** (ж)	['prʲaʒka]
ceinture (f)	**пасок** (ч)	['pasok]
sac (m) à main	**сумочка** (ж)	['sumotʃka]
col (m)	**комір** (ч)	['kɔmir]
poche (f)	**кишеня** (ж)	[ki'ʃɛnʲa]
manche (f)	**рукав** (ч)	[ru'kaw]
braguette (f)	**ширінка** (ж)	[ʃi'rinka]
fermeture (f) à glissière	**змійка** (ж)	['zmijka]
bouton (m)	**ґудзик** (ч)	['gudzik]
se salir (vp)	**забруднитися**	[zabrud'nitisʲa]
tache (f)	**пляма** (ж)	['plʲama]

8. La ville. Les établissements publics

magasin (m)	**магазин** (ч)	[maɦa'zin]
centre (m) commercial	**торгівельний центр** (ч)	[torɦi'wɛlʲnij 'tsɛntr]
supermarché (m)	**супермаркет** (ч)	[supɛr'markɛt]
magasin (m) de chaussures	**взуттєвий магазин** (ч)	[wzut'tɛwij maɦa'zin]
librairie (f)	**книгарня** (ж)	[knɨ'ɦarnʲa]
pharmacie (f)	**аптека** (ж)	[ap'tɛka]
boulangerie (f)	**булочна** (ж)	['bulotʃna]
pâtisserie (f)	**кондитерська** (ж)	[kon'ditɛrsʲka]
épicerie (f)	**бакалія** (ж)	[baka'liʲa]
boucherie (f)	**м'ясний магазин** (ч)	[mˀas'nij maɦa'zin]
magasin (m) de légumes	**овочевий магазин** (ч)	[owo'tʃɛwij maɦa'zin]
marché (m)	**ринок** (ч)	['rinok]
salon (m) de coiffure	**перукарня** (ж)	[pɛru'karnʲa]

poste (f)	пошта (ж)	['pɔʃta]
pressing (m)	хімчистка (ж)	[him'tʃistka]
cirque (m)	цирк (ч)	[ʦirk]
zoo (m)	зоопарк (ч)	[zoo'park]
théâtre (m)	театр (ч)	[tɛ'atr]
cinéma (m)	кінотеатр (ч)	[kinotɛ'atr]
musée (m)	музей (ч)	[mu'zɛj]
bibliothèque (f)	бібліотека (ж)	[biblio'tɛka]

mosquée (f)	мечеть (ж)	[mɛ'tʃɛtʲ]
synagogue (f)	синагога (ж)	[sina'hɔha]
cathédrale (f)	собор (ч)	[so'bɔr]
temple (m)	храм (ч)	[hram]
église (f)	церква (ж)	['ʦɛrkwa]

institut (m)	інститут (ч)	[insti'tut]
université (f)	університет (ч)	[uniwɛrsi'tɛt]
école (f)	школа (ж)	['ʃkɔla]

hôtel (m)	готель (ч)	[ɦo'tɛlʲ]
banque (f)	банк (ч)	[bank]
ambassade (f)	посольство (с)	[po'sɔlʲstwo]
agence (f) de voyages	турагентство (с)	[tura'ɦɛnʦtwo]

métro (m)	метро (с)	[mɛt'rɔ]
hôpital (m)	лікарня (ж)	[li'karnʲa]
station-service (f)	бензоколонка (ж)	[bɛnzoko'lɔnka]
parking (m)	стоянка (ж)	[sto'ʲanka]

ENTRÉE	ВХІД	[whid]
SORTIE	ВИХІД	['wihid]
POUSSER	ВІД СЕБЕ	[wid 'sɛbɛ]
TIRER	ДО СЕБЕ	[do 'sɛbɛ]
OUVERT	ВІДЧИНЕНО	[wid'tʃinɛno]
FERMÉ	ЗАЧИНЕНО	[za'tʃinɛno]

monument (m)	пам'ятник (ч)	['pamʲʲatnik]
forteresse (f)	фортеця (ж)	[for'tɛʦʲa]
palais (m)	палац (ч)	[pa'laʦ]

médiéval (adj)	середньовічний	[sɛrɛdnʲo'witʃnij]
ancien (adj)	старовинний	[staro'winij]
national (adj)	національний	[naʦio'nalʲnij]
connu (adj)	відомий	[wi'dɔmij]

9. L'argent. Les finances

argent (m)	гроші (мн)	['ɦrɔʃi]
monnaie (f)	монета (ж)	[mo'nɛta]
dollar (m)	долар (ч)	['dɔlar]

euro (m)	євро (ч)	['ɛwro]
distributeur (m)	банкомат (ч)	[banko'mat]
bureau (m) de change	обмінний пункт (ч)	[ob'minij punkt]
cours (m) de change	курс (ч)	[kurs]
espèces (f pl)	готівка (ж)	[ɦo'tiwka]
Combien?	Скільки?	['skilʲki]
payer (régler)	платити	[pla'titi]
paiement (m)	оплата (ж)	[op'lata]
monnaie (f) (rendre la ~)	решта (ж)	['rɛʃta]
prix (m)	ціна (ж)	[tsi'na]
rabais (m)	знижка (ж)	['zniʒka]
bon marché (adj)	дешевий	[dɛ'ʃɛwij]
cher (adj)	дорогий	[doro'ɦij]
banque (f)	банк (ч)	[bank]
compte (m)	рахунок (ч)	[ra'ɦunok]
carte (f) de crédit	кредитна картка (ж)	[krɛ'ditna 'kartka]
chèque (m)	чек (ч)	[tʃɛk]
faire un chèque	виписати чек	['wipisati 'tʃɛk]
chéquier (m)	чекова книжка (ж)	['tʃɛkowa 'kniʒka]
dette (f)	борг (ч)	['borɦ]
débiteur (m)	боржник (ч)	[borʒ'nik]
prêter (vt)	позичити	[po'zitʃiti]
emprunter (vt)	взяти в борг	['wzʲati w borɦ]
louer (une voiture, etc.)	взяти напрокат	['wzʲati napro'kat]
à crédit (adv)	в кредит (ч)	[w krɛ'dit]
portefeuille (m)	гаманець (ч)	[ɦama'nɛts]
coffre fort (m)	сейф (ч)	[sɛjf]
héritage (m)	спадщина (c)	['spadçina]
fortune (f)	статок (ч)	['statok]
impôt (m)	податок (ч)	[po'datok]
amende (f)	штраф (ч)	[ʃtraf]
mettre une amende	штрафувати	[ʃtrafu'wati]
en gros (adj)	оптовий	[op'towij]
au détail (adj)	роздрібний	[rozd'ribnij]
assurer (vt)	страхувати	[strahu'wati]
assurance (f)	страхування (c)	[strahu'wanʲa]
capital (m)	капітал (ч)	[kapi'tal]
chiffre (m) d'affaires	обіг (ч)	['ɔbiɦ]
action (f)	акція (ж)	['aktsiʲa]
profit (m)	прибуток (ч)	[pri'butok]
profitable (adj)	прибутковий	[pribut'kowij]
crise (f)	криза (ж)	['kriza]
faillite (f)	банкрутство (c)	[ban'krutstwo]
faire faillite	збанкрутувати	[zbankrutu'wati]

comptable (m)	бухгалтер (ч)	[buh'ɦaltɛr]
salaire (m)	заробітна платня (ж)	[zaro'bitna plat'nʲa]
prime (f)	премія (ж)	['prɛmiʲa]

10. Les transports

autobus (m)	автобус (ч)	[aw'tɔbus]
tramway (m)	трамвай (ч)	[tram'waj]
trolleybus (m)	тролейбус (ч)	[tro'lɛjbus]

prendre ...	їхати на ...	['jiɦati na]
monter (dans l'autobus)	сісти	['sisti]
descendre de ...	зійти	[zij'ti]

arrêt (m)	зупинка (ж)	[zu'pinka]
terminus (m)	кінцева зупинка (ж)	[kin'tsɛwa zu'pinka]
horaire (m)	розклад (ч)	['rɔzklad]
ticket (m)	квиток (ч)	[kwi'tɔk]
être en retard	запізнюватися	[za'piznʲuwatisʲa]

taxi (m)	таксі (с)	[tak'si]
en taxi	на таксі	[na tak'si]
arrêt (m) de taxi	стоянка (с) таксі	[stoʲanka tak'si]

trafic (m)	вуличний рух (ч)	['wulitʃnij ruh]
heures (f pl) de pointe	години (мн) пік	[ɦo'dini pik]
se garer (vp)	паркуватися	[parku'watisʲa]

métro (m)	метро (с)	[mɛt'rɔ]
station (f)	станція (ж)	['stantsiʲa]
train (m)	поїзд (ч)	['pɔjizd]
gare (f)	вокзал (ч)	[wok'zal]
rails (m pl)	рейки (мн)	['rɛjki]
compartiment (m)	купе (с)	[ku'pɛ]
couchette (f)	полиця (ж)	[po'litsʲa]

avion (m)	літак (ч)	[li'tak]
billet (m) d'avion	авіаквиток (ч)	[awiakwi'tɔk]
compagnie (f) aérienne	авіакомпанія (ж)	[awiakom'paniʲa]
aéroport (m)	аеропорт (ч)	[aɛro'pɔrt]

vol (m) (~ d'oiseau)	політ (ч)	[po'lit]
bagage (m)	багаж (ч)	[ba'ɦaʒ]
chariot (m)	візок (ч) для багажу	[wi'zɔk dlʲa baɦa'ʒu]

bateau (m)	корабель (ч)	[kora'bɛlʲ]
bateau (m) de croisière	лайнер (ч)	['lajnɛr]
yacht (m)	яхта (ж)	['ʲahta]
canot (m) à rames	човен (ч)	['tʃɔwɛn]
capitaine (m)	капітан (ч)	[kapi'tan]

| cabine (f) | каюта (ж) | [ka'ʲuta] |
| port (m) | порт (ч) | [port] |

vélo (m)	велосипед (ч)	[wɛlosiˈpɛd]
scooter (m)	моторолер (ч)	[motoˈrɔlɛr]
moto (f)	мотоцикл (ч)	[motoˈtsikl]
pédale (f)	педаль (ж)	[pɛˈdalʲ]
pompe (f)	помпа (ж)	[ˈpɔmpa]
roue (f)	колесо (с)	[ˈkɔlɛso]

automobile (f)	автомобіль (ч)	[awtomoˈbilʲ]
ambulance (f)	швидка допомога (ж)	[ʃwidˈka dopoˈmɔɦa]
camion (m)	вантажівка (ж)	[wantaˈʒiwka]
d'occasion (adj)	вживаний	[ˈwʒiwanij]
accident (m) de voiture	аварія (ж)	[aˈwariʲa]
réparation (f)	ремонт (ч)	[rɛˈmɔnt]

11. Les produits alimentaires. Partie 1

viande (f)	м'ясо (с)	[ˈmʲaso]
poulet (m)	курка (ж)	[ˈkurka]
canard (m)	качка (ж)	[ˈkatʃka]

du porc	свинина (ж)	[swiˈnina]
du veau	телятина (ж)	[tɛˈlʲatina]
du mouton	баранина (ж)	[baˈranina]
du bœuf	яловичина (ж)	[ˈʲalowitʃina]

saucisson (m)	ковбаса (ж)	[kowbaˈsa]
œuf (m)	яйце (с)	[jajˈtsɛ]
poisson (m)	риба (ж)	[ˈriba]
fromage (m)	сир (ч)	[sir]
sucre (m)	цукор (ч)	[ˈtsukor]
sel (m)	сіль (ж)	[silʲ]

riz (m)	рис (ч)	[ris]
pâtes (m pl)	макарони (мн)	[makaˈrɔni]
beurre (m)	вершкове масло (с)	[wɛrʃˈkɔwɛ ˈmaslo]
huile (f) végétale	олія (ж) рослинна	[oˈliʲa rosˈlina]
pain (m)	хліб (ч)	[hlib]
chocolat (m)	шоколад (ч)	[ʃokoˈlad]

vin (m)	вино (с)	[wiˈnɔ]
café (m)	кава (ж)	[ˈkawa]
lait (m)	молоко (с)	[moloˈkɔ]
jus (m)	сік (ч)	[sik]
bière (f)	пиво (с)	[ˈpiwo]
thé (m)	чай (ч)	[tʃaj]
tomate (f)	помідор (ч)	[pomiˈdɔr]
concombre (m)	огірок (ч)	[oɦiˈrɔk]

carotte (f)	морква (ж)	['mɔrkwa]
pomme (f) de terre	картопля (ж)	[karˈtɔplʲa]
oignon (m)	цибуля (ж)	[ʦɨˈbulʲa]
ail (m)	часник (ч)	[ʧasˈnɨk]

chou (m)	капуста (ж)	[kaˈpusta]
betterave (f)	буряк (ч)	[buˈrʲak]
aubergine (f)	баклажан (ч)	[baklaˈʒan]
fenouil (m)	кріп (ч)	[krip]
laitue (f) (salade)	салат (ч)	[saˈlat]
maïs (m)	кукурудза (ж)	[kukuˈruʤa]

fruit (m)	фрукт (ч)	[frukt]
pomme (f)	яблуко (с)	[ˈʲabluko]
poire (f)	груша (ж)	[ˈɦruʃa]
citron (m)	лимон (ч)	[lɨˈmɔn]
orange (f)	апельсин (ч)	[apɛlʲˈsɨn]
fraise (f)	полуниця (ж)	[poluˈnɨʦʲa]

prune (f)	слива (ж)	[ˈslɨwa]
framboise (f)	малина (ж)	[maˈlɨna]
ananas (m)	ананас (ч)	[anaˈnas]
banane (f)	банан (ч)	[baˈnan]
pastèque (f)	кавун (ч)	[kaˈwun]
raisin (m)	виноград (ч)	[wɨnoˈɦrad]
melon (m)	диня (ж)	[ˈdɨnʲa]

12. Les produits alimentaires. Partie 2

cuisine (f)	кухня (ж)	[ˈkuhnʲa]
recette (f)	рецепт (ч)	[rɛˈʦɛpt]
nourriture (f)	їжа (ж)	[ˈjiʒa]

prendre le petit déjeuner	снідати	[ˈsnidatɨ]
déjeuner (vi)	обідати	[oˈbidatɨ]
dîner (vi)	вечеряти	[wɛˈʧɛrʲatɨ]

goût (m)	смак (ч)	[smak]
bon (savoureux)	смачний	[smaʧˈnɨj]
froid (adj)	холодний	[hoˈlɔdnɨj]
chaud (adj)	гарячий	[ɦaˈrʲaʧɨj]
sucré (adj)	солодкий	[soˈlɔdkɨj]
salé (adj)	солоний	[soˈlɔnɨj]

sandwich (m)	канапка (ж)	[kaˈnapka]
garniture (f)	гарнір (ч)	[ɦarˈnir]
garniture (f)	начинка (ж)	[naˈʧɨnka]
sauce (f)	соус (ч)	[ˈsɔus]
morceau (m)	шматок (ч)	[ʃmaˈtɔk]
régime (m)	дієта (ж)	[diˈɛta]

vitamine (f)	вітамін (ч)	[wita'min]
calorie (f)	калорія (ж)	[ka'lori'a]
végétarien (m)	вегетаріанець (ч)	[wɛɦɛtari'anɛts]

restaurant (m)	ресторан (ч)	[rɛsto'ran]
salon (m) de café	кав'ярня (ж)	[ka'w'ʲarnʲa]
appétit (m)	апетит (ч)	[apɛ'tit]
Bon appétit!	Смачного!	[smaʧ'nɔɦo]

serveur (m)	офіціант (ч)	[ofitsi'ant]
serveuse (f)	офіціантка (ж)	[ofitsi'antka]
barman (m)	бармен (ч)	[bar'mɛn]
carte (f)	меню (с)	[mɛ'nʲu]

cuillère (f)	ложка (ж)	['lɔʒka]
couteau (m)	ніж (ч)	[niʒ]
fourchette (f)	виделка (ж)	[wi'dɛlka]
tasse (f)	чашка (ж)	['ʧaʃka]

assiette (f)	тарілка (ж)	[ta'rilka]
soucoupe (f)	блюдце (с)	['blʲudtsɛ]
serviette (f)	серветка (ж)	[sɛr'wɛtka]
cure-dent (m)	зубочистка (ж)	[zubo'ʧistka]

commander (vt)	замовити	[za'mɔwiti]
plat (m)	страва (ж)	['strawa]
portion (f)	порція (ж)	['portsi'a]
hors-d'œuvre (m)	закуска (ж)	[za'kuska]
salade (f)	салат (ч)	[sa'lat]
soupe (f)	юшка (ж)	['ʲuʃka]

dessert (m)	десерт (ч)	[dɛ'sɛrt]
confiture (f)	варення (с)	[wa'rɛnʲa]
glace (f)	морозиво (с)	[mo'rɔziwo]
addition (f)	рахунок (ч)	[ra'ɦunok]
régler l'addition	оплатити рахунок	[opla'titi ra'ɦunok]
pourboire (m)	чайові (мн)	[ʧa'ʲo'wi]

13. La maison. L'appartement. Partie 1

maison (f)	будинок (ч)	[bu'dinok]
maison (f) de campagne	будинок (ч) за містом	[bu'dinok za 'mistom]
villa (f)	вілла (ж)	['willa]

étage (m)	поверх (ч)	['pɔwɛrh]
entrée (f)	під'їзд (ч)	[pid"ʲizd]
mur (m)	стіна (ж)	[sti'na]
toit (m)	дах (ч)	[dah]
cheminée (f)	труба (ж)	[tru'ba]
grenier (m)	горище (с)	[ɦo'riɕɛ]

fenêtre (f)	вікно (с)	[wik'nɔ]
rebord (m)	підвіконня (с)	[pidwi'konʲa]
balcon (m)	балкон (ч)	[bal'kɔn]
escalier (m)	сходи (мн)	['shɔdi]
boîte (f) à lettres	поштова скринька (ж)	[poʃ'towa sk'rinʲka]
poubelle (f) d'extérieur	бак (ч) для сміття	[bak dlʲa smit'tʲa]
ascenseur (m)	ліфт (ч)	[lift]
électricité (f)	електрика (ж)	[ɛ'lɛktrika]
ampoule (f)	лампочка (ж)	['lampotʃka]
interrupteur (m)	вимикач (ч)	[wimi'katʃ]
prise (f)	розетка (ж)	[ro'zɛtka]
fusible (m)	запобіжник (ч)	[zapo'biʒnɨk]
porte (f)	двері (мн)	['dwɛri]
poignée (f)	ручка (ж)	['rutʃka]
clé (f)	ключ (ч)	[klʲutʃ]
paillasson (m)	килимок (ч)	[kɨli'mɔk]
serrure (f)	замок (ч)	[za'mɔk]
sonnette (f)	дзвінок (ч)	[dzwi'nɔk]
coups (m pl) à la porte	стукіт (ч)	['stukit]
frapper (~ à la porte)	стукати	['stukati]
judas (m)	вічко (с)	['witʃko]
cour (f)	двір (ч)	[dwir]
jardin (m)	сад (ч)	[sad]
piscine (f)	басейн (ч)	[ba'sɛjn]
salle (f) de gym	спортивний зал (ч)	[spor'tiwnij 'zal]
court (m) de tennis	тенісний корт (ч)	['tɛnisnij 'kɔrt]
garage (m)	гараж (ч)	[ɦa'raʒ]
propriété (f) privée	приватна власність (ж)	[pri'watna 'wlasnistʲ]
panneau d'avertissement	попереджувальний напис (ч)	[popɛ'rɛdʒuwalʲnij 'napis]
sécurité (f)	охорона (ж)	[oho'rɔna]
agent (m) de sécurité	охоронник (ч)	[oho'rɔnɨk]
rénovation (f)	ремонт (ч)	[rɛ'mɔnt]
faire la rénovation	робити ремонт	[ro'bitɨ rɛ'mɔnt]
remettre en ordre	привести до ладу	[pri'wɛsti do 'ladu]
peindre (des murs)	фарбувати	[farbu'wati]
papier (m) peint	шпалери (мн)	[ʃpa'lɛri]
vernir (vt)	покривати лаком	[pokri'wati 'lakom]
tuyau (m)	труба (ж)	[tru'ba]
outils (m pl)	інструменти (мн)	[instru'mɛnti]
sous-sol (m)	підвал (ч)	[pid'wal]
égouts (m pl)	каналізація (ж)	[kanali'zatsiʲa]

14. La maison. L'appartement. Partie 2

appartement (m)	квартира (ж)	[kwar'tɨra]
chambre (f)	кімната (ж)	[kim'nata]
chambre (f) à coucher	спальня (ж)	['spalʲnʲa]
salle (f) à manger	їдальня (ж)	['jidalʲnʲa]
salon (m)	вітальня (ж)	[wi'talʲnʲa]
bureau (m)	кабінет (ч)	[kabi'nɛt]
antichambre (f)	передпокій (ч)	[pɛrɛd'pokij]
salle (f) de bains	ванна кімната (ж)	['wana kim'nata]
toilettes (f pl)	туалет (ч)	[tua'lɛt]
plancher (m)	підлога (ж)	[pid'loɦa]
plafond (m)	стеля (ж)	['stɛlʲa]
essuyer la poussière	витирати пил	[wɨtɨ'ratɨ pɨl]
aspirateur (m)	пилосос (ч)	[pɨlo'sos]
passer l'aspirateur	пилососити	[pɨlo'sosɨtɨ]
balai (m) à franges	швабра (ж)	['ʃwabra]
torchon (m)	ганчірка (ж)	[ɦan'tʃirka]
balayette (f) de sorgho	віник (ч)	['winɨk]
pelle (f) à ordures	совок (ч) для сміття	[so'wok dlʲa smit'tʲa]
meubles (m pl)	меблі (мн)	['mɛbli]
table (f)	стіл (ч)	[stil]
chaise (f)	стілець (ч)	[sti'lɛts]
fauteuil (m)	крісло (с)	['krislo]
bibliothèque (f) (meuble)	шафа (ж)	['ʃafa]
rayon (m)	полиця (ж)	[po'lɨtsʲa]
armoire (f)	шафа (ж)	['ʃafa]
miroir (m)	дзеркало (с)	['dzɛrkalo]
tapis (m)	килим (ч)	['kɨlɨm]
cheminée (f)	камін (ч)	[ka'min]
rideaux (m pl)	штори (мн)	['ʃtorɨ]
lampe (f) de table	настільна лампа (ж)	[na'stilʲna 'lampa]
lustre (m)	люстра (ж)	['lʲustra]
cuisine (f)	кухня (ж)	['kuhnʲa]
cuisinière (f) à gaz	плита (ж) газова	[plɨ'ta 'ɦazowa]
cuisinière (f) électrique	плита (ж) електрична	[plɨ'ta ɛlɛkt'rɨtʃna]
four (m) micro-ondes	мікрохвильова піч (ж)	[mikrohwɨlʲo'wa pitʃ]
réfrigérateur (m)	холодильник (ч)	[holo'dɨlʲnɨk]
congélateur (m)	морозильник (ч)	[moro'zɨlʲnɨk]
lave-vaisselle (m)	посудомийна машина (ж)	[posudo'mɨjna ma'ʃɨna]
robinet (m)	кран (ч)	[kran]
hachoir (m) à viande	м'ясорубка (ж)	[mʲaso'rubka]

centrifugeuse (f) — соковижималка (ж) — [sokowiʒi'malka]
grille-pain (m) — тостер (ч) — ['tɔstɛr]
batteur (m) — міксер (ч) — ['miksɛr]

machine (f) à café — кавоварка (ж) — [kawo'warka]
bouilloire (f) — чайник (ч) — ['ʧajnik]
théière (f) — заварник (ч) — [za'warnik]

téléviseur (m) — телевізор (ч) — [tɛlɛ'wizor]
magnétoscope (m) — відеомагнітофон (ч) — ['widɛo maɦnito'fɔn]
fer (m) à repasser — праска (ж) — ['praska]
téléphone (m) — телефон (ч) — [tɛlɛ'fɔn]

15. Les occupations. Le statut social

directeur (m) — директор (ч) — [di'rɛktor]
supérieur (m) — начальник (ч) — [na'ʧalʲnik]
président (m) — президент (ч) — [prɛzi'dɛnt]
assistant (m) — помічник (ч) — [pomiʧ'nik]
secrétaire (m, f) — секретар (ч) — [sɛkrɛ'tar]

propriétaire (m) — власник (ч) — ['wlasnik]
partenaire (m) — партнер (ч) — [part'nɛr]
actionnaire (m) — акціонер (ч) — [aktsio'nɛr]

homme (m) d'affaires — бізнесмен (ч) — [biznɛs'mɛn]
millionnaire (m) — мільйонер (ч) — [milʲo'nɛr]
milliardaire (m) — мільярдер (ч) — [miljar'dɛr]

acteur (m) — актор (ч) — [ak'tɔr]
architecte (m) — архітектор (ч) — [arhi'tɛktor]
banquier (m) — банкір (ч) — [ba'nkir]
courtier (m) — брокер (ч) — ['brɔkɛr]
vétérinaire (m) — ветеринар (ч) — [wɛtɛri'nar]
médecin (m) — лікар (ч) — ['likar]
femme (f) de chambre — покоївка (ж) — [poko'jiwka]
designer (m) — дизайнер (ч) — [di'zajnɛr]
correspondant (m) — кореспондент (ч) — [korɛspon'dɛnt]
livreur (m) — кур'єр (ч) — [ku'rʲɛr]

électricien (m) — електрик (ч) — [ɛ'lɛktrik]
musicien (m) — музикант (ч) — [muzi'kant]
baby-sitter (m, f) — няня (ж) — ['nʲanʲa]
coiffeur (m) — перукар (ч) — [pɛru'kar]
berger (m) — пастух (ч) — [pas'tuh]

chanteur (m) — співак (ч) — [spi'wak]
traducteur (m) — перекладач (ч) — [pɛrɛkla'daʧ]
écrivain (m) — письменник (ч) — [pisʲ'mɛnik]
charpentier (m) — тесля (ч) — ['tɛslʲa]

cuisinier (m)	кухар (ч)	['kuhar]
pompier (m)	пожежник (ч)	[po'ʒɛʒnik]
policier (m)	поліцейський (ч)	[poli'tsɛjsʲkij]
facteur (m)	листоноша (ч)	[listo'noʃa]
programmeur (m)	програміст (ч)	[proɦ'ramist]
vendeur (m)	продавець (ч)	[proda'wɛts]
ouvrier (m)	робочий (ч)	[ro'botʃij]
jardinier (m)	садівник (ч)	[sadiw'nik]
plombier (m)	сантехнік (ч)	[san'tɛhnik]
stomatologue (m)	стоматолог (ч)	[stoma'toloɦ]
hôtesse (f) de l'air	стюардеса (ж)	[stʲuar'dɛsa]
danseur (m)	танцюрист (ч)	[tantsʲu'rist]
garde (m) du corps	охоронець (ч)	[oɦo'ronɛts]
savant (m)	вчений (ч)	['wtʃɛnij]
professeur (m)	вчитель (ч)	['wtʃitɛlʲ]
fermier (m)	фермер (ч)	['fɛrmɛr]
chirurgien (m)	хірург (ч)	[hi'rurɦ]
mineur (m)	шахтар (ч)	[ʃah'tar]
cuisinier (m) en chef	шеф-кухар (ч)	[ʃɛf 'kuhar]
chauffeur (m)	шофер (ч)	[ʃo'fɛr]

16. Le sport

type (m) de sport	вид спорту (ч)	[wid 'sportu]
football (m)	футбол (ч)	[fut'bol]
hockey (m)	хокей (ч)	[ɦo'kɛj]
basket-ball (m)	баскетбол (ч)	[baskɛt'bol]
base-ball (m)	бейсбол (ч)	[bɛjs'bol]
volley-ball (m)	волейбол (ч)	[wolɛj'bol]
boxe (f)	бокс (ч)	[boks]
lutte (f)	боротьба (ж)	[borotʲ'ba]
tennis (m)	теніс (ч)	['tɛnis]
natation (f)	плавання (с)	['plawanʲa]
échecs (m pl)	шахи (мн)	['ʃahi]
course (f)	біг (ч)	[biɦ]
athlétisme (m)	легка атлетика (ж)	[lɛɦ'ka at'lɛtika]
patinage (m) artistique	фігурне катання (с)	[fi'ɦurnɛ ka'tanʲa]
cyclisme (m)	велоспорт (ч)	[wɛlo'sport]
billard (m)	більярд (ч)	[bi'ljard]
bodybuilding (m)	бодібілдинг (ч)	[bodi'bildinɦ]
golf (m)	гольф (ч)	[ɦolʲf]
plongée (f)	дайвінг (ч)	['dajwinɦ]
voile (f)	парусний спорт (ч)	['parusnij sport]
tir (m) à l'arc	стрільба (ж) з луку	[strilʲ'ba z 'luku]

mi-temps (f)	тайм (ч)	[tajm]
mi-temps (f) (pause)	перерва (ж)	[pɛ'rɛrwa]
match (m) nul	нічия (ж)	[nitʃiʲ'a]
faire match nul	зіграти внічию	[zi'ɦratɨ wnitʃiʲ'u]
tapis (m) roulant	бігова доріжка (ж)	[biɦo'wa do'riʒka]
joueur (m)	гравець (ч)	[ɦra'wɛts]
remplaçant (m)	запасний гравець (ч)	[zapas'nɨj ɦra'wɛts]
banc (m) des remplaçants	лава (ж) запасних	['lawa zapas'nɨh]
match (m)	матч (ч)	[matʃ]
but (m)	ворота (мн)	[wo'rɔta]
gardien (m) de but	воротар (ч)	[woro'tar]
but (m)	гол (ч)	[ɦol]
Jeux (m pl) olympiques	Олімпійські ігри (мн)	[olim'pijsʲki 'iɦrɨ]
établir un record	встановлювати рекорд	[wsta'nowlʲuwatɨ rɛ'kɔrd]
finale (f)	фінал (ч)	[fi'nal]
champion (m)	чемпіон (ч)	[tʃɛmpi'ɔn]
championnat (m)	чемпіонат (ч)	[tʃɛmpio'nat]
gagnant (m)	переможець (ч)	[pɛrɛ'mɔʒɛts]
victoire (f)	перемога (ж)	[pɛrɛ'mɔɦa]
gagner (vi)	виграти	['wiɦratɨ]
perdre (vi)	програти	[proɦ'ratɨ]
médaille (f)	медаль (ж)	[mɛ'dalʲ]
première place (f)	перше місце (с)	['pɛrʃɛ 'mistsɛ]
deuxième place (f)	друге місце (с)	['druɦɛ 'mistsɛ]
troisième place (f)	третє місце (с)	['trɛtɛ 'mistsɛ]
stade (m)	стадіон (ч)	[stadi'ɔn]
supporteur (m)	уболівальник (ч)	[uboli'walʲnɨk]
entraîneur (m)	тренер (ч)	['trɛnɛr]
entraînement (m)	тренування (с)	[trɛnu'wanʲa]

17. Les langues étrangères. L'orthographe

langue (f)	мова (ж)	['mɔwa]
étudier (vt)	вивчати	[wiw'tʃatɨ]
prononciation (f)	вимова (ж)	[wɨ'mɔwa]
accent (m)	акцент (ч)	[ak'tsɛnt]
nom (m)	іменник (ч)	[i'mɛnɨk]
adjectif (m)	прикметник (ч)	[prɨk'mɛtnɨk]
verbe (m)	дієслово (с)	[diɛ'slɔwo]
adverbe (m)	прислівник (ч)	[pris'liwnɨk]
pronom (m)	займенник (ч)	[zaj'mɛnɨk]
interjection (f)	вигук (ч)	['wiɦuk]

préposition (f)	прийменник (ч)	[prij'mɛnik]
racine (f)	корінь (ч) слова	['kɔrinʲ 'slɔwa]
terminaison (f)	закінчення (с)	[za'kintʃɛnʲa]
préfixe (m)	префікс (ч)	['prɛfiks]
syllabe (f)	склад (ч)	['sklad]
suffixe (m)	суфікс (ч)	['sufiks]
accent (m) tonique	наголос (ч)	['naɦolos]
point (m)	крапка (ж)	['krapka]
virgule (f)	кома (ж)	['kɔma]
deux-points (m)	двокрапка (ж)	[dwo'krapka]
points (m pl) de suspension	крапки (мн)	[krap'kʲi]
question (f)	питання (с)	[pi'tanʲa]
point (m) d'interrogation	знак (ч) питання	[znak pi'tanʲa]
point (m) d'exclamation	знак (ч) оклику	[znak 'ɔkliku]
entre guillemets	в лапках	[w lap'kah]
entre parenthèses	в дужках	[w duʒ'kah]
lettre (f)	літера (ж)	['litɛra]
majuscule (f)	велика літера (ж)	[wɛ'lika 'litɛra]
proposition (f)	речення (с)	['rɛtʃɛnʲa]
groupe (m) de mots	словосполучення (с)	[slowospo'lutʃɛnʲa]
expression (f)	вислів (ч)	['wisliw]
sujet (m)	підмет (ч)	['pidmɛt]
prédicat (m)	присудок (ч)	['prisudok]
ligne (f)	рядок (ч)	[rʲa'dok]
paragraphe (m)	абзац (ч)	[ab'zats]
synonyme (m)	синонім (ч)	[si'nonim]
antonyme (m)	антонім (ч)	[an'tonim]
exception (f)	виняток (ч)	['winʲatok]
souligner (vt)	підкреслити	[pid'krɛsliti]
règles (f pl)	правила (мн)	['prawila]
grammaire (f)	граматика (ж)	[ɦra'matika]
vocabulaire (m)	лексика (ж)	['lɛksika]
phonétique (f)	фонетика (ж)	[fo'nɛtika]
alphabet (m)	алфавіт (ч)	[alfa'wit]
manuel (m)	підручник (ч)	[pid'rutʃnik]
dictionnaire (m)	словник (ч)	[slow'nik]
guide (m) de conversation	розмовник (ч)	[roz'mownik]
mot (m)	слово (с)	['slɔwo]
sens (m)	сенс (ч)	[sɛns]
mémoire (f)	пам'ять (ж)	['pamʲʲatʲ]

18. La Terre. La géographie

Terre (f)	Земля (ж)	[zɛm'lʲa]
globe (m) terrestre	земна куля (ж)	[zɛm'na 'kulʲa]
planète (f)	планета (ж)	[plə'nɛta]
géographie (f)	географія (ж)	[ɦɛo'ɦrafʲia]
nature (f)	природа (ж)	[pri'rɔda]
carte (f)	карта (ж)	['karta]
atlas (m)	атлас (ч)	['atlas]
au nord	на півночі	[na 'piwnotʃi]
au sud	на півдні	[na 'piwdni]
à l'occident	на заході	[na 'zahodi]
à l'orient	на сході	[na 'shɔdi]
mer (f)	море (с)	['mɔrɛ]
océan (m)	океан (ч)	[okɛ'an]
golfe (m)	затока (ж)	[za'tɔka]
détroit (m)	протока (ж)	[pro'tɔka]
continent (m)	материк (ч)	[matɛ'rik]
île (f)	острів (ч)	['ɔstriw]
presqu'île (f)	півострів (ч)	[pi'wɔstriw]
archipel (m)	архіпелаг (ч)	[arhipɛ'laɦ]
port (m)	гавань (ж)	['ɦawanʲ]
récif (m) de corail	кораловий риф (ч)	[ko'ralowij rif]
littoral (m)	берег (ч)	['bɛrɛɦ]
côte (f)	узбережжя (с)	[uzbɛ'rɛʑʲa]
marée (f) haute	приплив (ч)	[prip'liw]
marée (f) basse	відплив (ч)	[wid'pliw]
latitude (f)	широта (ж)	[ʃiro'ta]
longitude (f)	довгота (ж)	[dowɦo'ta]
parallèle (f)	паралель (ж)	[para'lɛlʲ]
équateur (m)	екватор (ч)	[ɛk'wator]
ciel (m)	небо (с)	['nɛbo]
horizon (m)	горизонт (ч)	[ɦori'zɔnt]
atmosphère (f)	атмосфера (ж)	[atmos'fɛra]
montagne (f)	гора (ж)	[ɦo'ra]
sommet (m)	вершина (ж)	[wɛr'ʃina]
rocher (m)	скеля (ж)	['skɛlʲa]
colline (f)	горб (ч)	[ɦorb]
volcan (m)	вулкан (ч)	[wul'kan]
glacier (m)	льодовик (ч)	[lʲodo'wik]
chute (f) d'eau	водоспад (ч)	[wodos'pad]

plaine (f)	рівнина (ж)	[riw'nina]
rivière (f), fleuve (m)	ріка (ж)	['rika]
source (f)	джерело (c)	[dʒɛrɛ'lɔ]
rive (f)	берег (ч)	['bɛrɛɦ]
en aval	вниз за течією (ж)	[wniz za 'tɛtʃiɛʲu]
en amont	уверх по течії	[u'wɛrh po 'tɛtʃiji]
lac (m)	озеро (c)	['ɔzɛrɔ]
barrage (m)	гребля (ж)	['ɦrɛblʲa]
canal (m)	канал (ч)	[ka'nal]
marais (m)	болото (c)	[bo'lɔtɔ]
glace (f)	крига (ж)	['kriɦa]

19. Les pays du monde. Partie 1

Europe (f)	Європа (ж)	[ɛw'rɔpa]
Union (f) européenne	Європейський Союз (ч)	[ɛwro'pɛjsʲkij soʲuz]
européen (m)	європеєць (ч)	[ɛwro'pɛɛts]
européen (adj)	європейський	[ɛwro'pɛjsʲkij]
Autriche (f)	Австрія (ж)	['awstriʲa]
Grande-Bretagne (f)	Великобританія (ж)	[wɛlikobri'taniʲa]
Angleterre (f)	Англія (ж)	['anɦliʲa]
Belgique (f)	Бельгія (ж)	['bɛlʲɦiʲa]
Allemagne (f)	Німеччина (ж)	[ni'mɛtʃina]
Pays-Bas (m)	Нідерланди (ж)	[nidɛr'landi]
Hollande (f)	Голландія (ж)	[ho'landiʲa]
Grèce (f)	Греція (ж)	['ɦrɛtsiʲa]
Danemark (m)	Данія (ж)	['daniʲa]
Irlande (f)	Ірландія (ж)	[ir'landiʲa]
Islande (f)	Ісландія (ж)	[is'landiʲa]
Espagne (f)	Іспанія (ж)	[ispaniʲa]
Italie (f)	Італія (ж)	[i'taliʲa]
Chypre (m)	Кіпр (ж)	[kipr]
Malte (f)	Мальта (ж)	['malʲta]
Norvège (f)	Норвегія (ж)	[nor'wɛɦiʲa]
Portugal (m)	Португалія (ж)	[portu'ɦaliʲa]
Finlande (f)	Фінляндія (ж)	[fin'lʲandiʲa]
France (f)	Франція (ж)	['frantsiʲa]
Suède (f)	Швеція (ж)	['ʃwɛtsiʲa]
Suisse (f)	Швейцарія (ж)	[ʃwɛj'tsariʲa]
Écosse (f)	Шотландія (ж)	[ʃot'landiʲa]
Vatican (m)	Ватикан (ч)	[wati'kan]
Liechtenstein (m)	Ліхтенштейн (ч)	[lihtɛn'ʃtejn]
Luxembourg (m)	Люксембург (ч)	[lʲuksɛm'burɦ]
Monaco (m)	Монако (c)	[mo'nako]

Albanie (f)	Албанія (ж)	[al'bani⁺a]
Bulgarie (f)	Болгарія (ж)	[bol'ɦari⁺a]
Hongrie (f)	Угорщина (ж)	[u'ɦɔrɕina]
Lettonie (f)	Латвія (ж)	['latwi⁺a]

Lituanie (f)	Литва (ж)	[lɨt'wa]
Pologne (f)	Польща (ж)	['pɔl⁺ɕa]
Roumanie (f)	Румунія (ж)	[ru'muni⁺a]
Serbie (f)	Сербія (ж)	['sɛrbi⁺a]
Slovaquie (f)	Словаччина (ж)	[slo'watʃina]

Croatie (f)	Хорватія (ж)	[hor'wati⁺a]
République (f) Tchèque	Чехія (ж)	['tʃɛhi⁺a]
Estonie (f)	Естонія (ж)	[ɛs'toni⁺a]
Bosnie (f)	Боснія (ж)	['bɔsni⁺a
	і Герцеговина (ж)	і ɦɛrtsɛɦo'wina]
Macédoine (f)	Македонія (ж)	[makɛ'dɔni⁺a]

Slovénie (f)	Словенія (ж)	[slo'wɛni⁺a]
Monténégro (m)	Чорногорія (ж)	[tʃorno'ɦori⁺a]
Biélorussie (f)	Білорусь (ж)	[bilo'rus⁺]
Moldavie (f)	Молдова (ж)	[mol'dɔwa]
Russie (f)	Росія (ж)	[ro'si⁺a]
Ukraine (f)	Україна (ж)	[ukra'jina]

20. Les pays du monde. Partie 2

Asie (f)	Азія (ж)	['azi⁺a]
Vietnam (m)	В'єтнам (ч)	[wˀɛt'nam]
Inde (f)	Індія (ж)	['indi⁺a]
Israël (m)	Ізраїль (ч)	[iz'raji⁺l⁺]
Chine (f)	Китай (ч)	[kɨ'taj]

Liban (m)	Ліван (ч)	[li'wan]
Mongolie (f)	Монголія (ж)	[mon'ɦoli⁺a]
Malaisie (f)	Малайзія (ж)	[ma'lajzi⁺a]
Pakistan (m)	Пакистан (ч)	[pakɨ'stan]
Arabie (f) Saoudite	Саудівська Аравія (ж)	[sa'udiws⁺ka a'rawi⁺a]

Thaïlande (f)	Таїланд (ч)	[tajɨ'land]
Taïwan (m)	Тайвань (ч)	[taj'wan⁺]
Turquie (f)	Туреччина (ж)	[tu'rɛtʃina]
Japon (m)	Японія (ж)	[ja'pɔni⁺a]
Afghanistan (m)	Афганістан (ч)	[afɦani'stan]

Bangladesh (m)	Бангладеш (ч)	[banɦla'dɛʃ]
Indonésie (f)	Індонезія (ж)	[indo'nɛzi⁺a]
Jordanie (f)	Йорданія (ж)	[⁺or'dani⁺a]
Iraq (m)	Ірак (ч)	[i'rak]
Iran (m)	Іран (ч)	[i'ran]

Cambodge (m)	Камбоджа (ж)	[kam'bɔdʒa]
Koweït (m)	Кувейт (ч)	[ku'wɛjt]
Laos (m)	Лаос (ч)	[la'ɔs]
Myanmar (m)	М'янма (ж)	['mʲanma]
Népal (m)	Непал (ч)	[nɛ'pal]
Fédération (f) des Émirats Arabes Unis	Об'єднані Арабські емірати	[o'bʲɛdnani a'rabsʲki ɛmi'rati]
Syrie (f)	Сирія (ж)	['siriʲa]
Palestine (f)	Палестинська автономія (ж)	[palɛ'stinsʲka awto'nomiʲa]
Corée (f) du Sud	Південна Корея (ж)	[piw'dɛna ko'rɛʲa]
Corée (f) du Nord	Північна Корея (ж)	[piw'nitʃna ko'rɛʲa]
Les États Unis	Сполучені Штати Америки	[spo'lutʃeni 'ʃtati a'mɛriki]
Canada (m)	Канада (ж)	[ka'nada]
Mexique (m)	Мексика (ж)	['mɛksika]
Argentine (f)	Аргентина (ж)	[arɦɛn'tina]
Brésil (m)	Бразилія (ж)	[bra'ziliʲa]
Colombie (f)	Колумбія (ж)	[ko'lumbiʲa]
Cuba (f)	Куба (ж)	['kuba]
Chili (m)	Чилі (ж)	['tʃili]
Venezuela (f)	Венесуела (ж)	[wɛnɛsu'ɛla]
Équateur (m)	Еквадор (ч)	[ɛkwa'dɔr]
Bahamas (f pl)	Багамські острови (мн)	[ba'ɦamsʲki ostro'wi]
Panamá (m)	Панама (ж)	[pa'nama]
Égypte (f)	Єгипет (ч)	[ɛ'ɦipɛt]
Maroc (m)	Марокко (с)	[ma'rɔkko]
Tunisie (f)	Туніс (ч)	[tu'nis]
Kenya (m)	Кенія (ж)	['kɛniʲa]
Libye (f)	Лівія (ж)	['liwiʲa]
République (f) Sud-africaine	Південно-Африканська Республіка (ж)	[piw'dɛno afri'kansʲka rɛs'publika]
Australie (f)	Австралія (ж)	[aw'straliʲa]
Nouvelle Zélande (f)	Нова Зеландія (ж)	[no'wa zɛ'landiʲa]

21. Le temps. Les catastrophes naturelles

temps (m)	погода (ж)	[po'ɦɔda]
météo (f)	прогноз (ч) погоди (ж)	[proɦ'nɔz po'ɦɔdi]
température (f)	температура (ж)	[tɛmpɛra'tura]
thermomètre (m)	термометр (ч)	[tɛr'mɔmɛtr]
baromètre (m)	барометр (ч)	[ba'rɔmɛtr]
soleil (m)	сонце (с)	['sɔntsɛ]
briller (soleil)	світити	[swi'titi]

ensoleillé (jour ~)	сонячний	[ˈsɔnʲatʃnʲij]
se lever (vp)	зійти	[zijˈti]
se coucher (vp)	сісти	[ˈsistʲi]
pluie (f)	дощ (ч)	[dɔɕ]
il pleut	йде дощ	[jdɛ dɔɕ]
pluie (f) torrentielle	проливний дощ (ч)	[prolʲiwˈnʲij dɔɕ]
nuée (f)	хмара (ж)	[ˈhmara]
flaque (f)	калюжа (ж)	[kaˈlʲuʒa]
se faire mouiller	мокнути	[ˈmɔknutʲi]
orage (m)	гроза (ж)	[ɦroˈza]
éclair (m)	блискавка (ж)	[ˈblʲiskawka]
éclater (foudre)	блискати	[ˈblʲiskatʲi]
tonnerre (m)	грім (ч)	[ɦrim]
le tonnerre gronde	гримить грім	[ɦrʲiˈmʲitʲ ɦrim]
grêle (f)	град (ч)	[ɦrad]
il grêle	йде град	[jdɛ ɦrad]
chaleur (f) (canicule)	спека (ж)	[ˈspɛka]
il fait très chaud	спекотно	[spɛˈkɔtno]
il fait chaud	тепло	[ˈtɛplo]
il fait froid	холодно	[ˈhɔlodno]
brouillard (m)	туман (ч)	[tuˈman]
brumeux (adj)	туманний	[tuˈmanʲij]
nuage (m)	хмара (ж)	[ˈhmara]
nuageux (adj)	хмарний	[ˈhmarnʲij]
humidité (f)	вологість (ж)	[woloɦistʲ]
neige (f)	сніг (ч)	[snʲiɦ]
il neige	йде сніг (ч)	[jdɛ snʲiɦ]
gel (m)	мороз (ч)	[moˈrɔz]
au-dessous de zéro	нижче нуля	[ˈnʲiʒtʃɛ nuˈlʲa]
givre (m)	паморозь (ж)	[ˈpamorozʲ]
intempéries (f pl)	негода (ж)	[nɛˈɦɔda]
catastrophe (f)	катастрофа (ж)	[kataˈstrɔfa]
inondation (f)	повінь (ж)	[ˈpɔwinʲ]
avalanche (f)	лавина (ж)	[laˈwina]
tremblement (m) de terre	землетрус (ч)	[zɛmlɛˈtrus]
secousse (f)	поштовх (ч)	[ˈpɔʃtowh]
épicentre (m)	епіцентр (ч)	[ɛpiˈtsɛntr]
éruption (f)	виверження (с)	[ˈwiwɛrʒɛnʲa]
lave (f)	лава (ж)	[ˈlawa]
tornade (f)	торнадо (ч)	[torˈnado]
tourbillon (m)	смерч (ч)	[smɛrtʃ]
ouragan (m)	ураган (ч)	[uraˈɦan]
tsunami (m)	цунамі (с)	[tsuˈnami]
cyclone (m)	циклон (ч)	[tsikˈlɔn]

22. Les animaux. Partie 1

animal (m)	**тварина** (ж)	[twaˈrina]
prédateur (m)	**хижак** (ч)	[hiˈʒak]
tigre (m)	**тигр** (ч)	[tiɦr]
lion (m)	**лев** (ч)	[lɛw]
loup (m)	**вовк** (ч)	[wowk]
renard (m)	**лисиця** (ж)	[liˈsitsʲa]
jaguar (m)	**ягуар** (ч)	[jaɦuˈar]
lynx (m)	**рись** (ж)	[risʲ]
coyote (m)	**койот** (ч)	[koˈjot]
chacal (m)	**шакал** (ч)	[ʃaˈkal]
hyène (f)	**гієна** (ж)	[ɦiˈɛna]
écureuil (m)	**білка** (ж)	[ˈbilka]
hérisson (m)	**їжак** (ч)	[jiˈʒak]
lapin (m)	**кріль** (ч)	[krilʲ]
raton (m)	**єнот** (ч)	[ɛˈnɔt]
hamster (m)	**хом'як** (ч)	[hoˈmʔʲak]
taupe (f)	**кріт** (ч)	[krit]
souris (f)	**миша** (ж)	[ˈmiʃa]
rat (m)	**щур** (ч)	[ɕur]
chauve-souris (f)	**кажан** (ч)	[kaˈʒan]
castor (m)	**бобер** (ч)	[boˈbɛr]
cheval (m)	**кінь** (ч)	[kinʲ]
cerf (m)	**олень** (ч)	[ˈɔlɛnʲ]
chameau (m)	**верблюд** (ч)	[wɛrˈblʲud]
zèbre (m)	**зебра** (ж)	[ˈzɛbra]
baleine (f)	**кит** (ч)	[kit]
phoque (m)	**тюлень** (ч)	[tʲuˈlɛnʲ]
morse (m)	**морж** (ч)	[morʒ]
dauphin (m)	**дельфін** (ч)	[dɛlʲˈfin]
ours (m)	**ведмідь** (ч)	[wɛdˈmidʲ]
singe (m)	**мавпа** (ж)	[ˈmawpa]
éléphant (m)	**слон** (ч)	[slon]
rhinocéros (m)	**носоріг** (ч)	[nosoˈriɦ]
girafe (f)	**жирафа** (ж)	[ʒirafa]
hippopotame (m)	**бегемот** (ч)	[bɛɦɛˈmɔt]
kangourou (m)	**кенгуру** (ч)	[kɛnɦuˈru]
chat (m) (femelle)	**кішка** (ж)	[ˈkiʃka]
vache (f)	**корова** (ж)	[koˈrɔwa]
taureau (m)	**бик** (ч)	[bik]
brebis (f)	**вівця** (ж)	[wiwˈtsʲa]

chèvre (f)	коза (ж)	[ko'za]
âne (m)	осел (ч)	[o'sɛl]
cochon (m)	свиня (ж)	[swɨ'nʲa]
poule (f)	курка (ж)	['kurka]
coq (m)	півень (ч)	['piwɛnʲ]
canard (m)	качка (ж)	['katʃka]
oie (f)	гусак (ч)	[ɦu'sak]
dinde (f)	індичка (ж)	[in'ditʃka]
berger (m)	вівчарка (ж)	[wiw'tʃarka]

23. Les animaux. Partie 2

oiseau (m)	птах (ч)	[ptaɦ]
pigeon (m)	голуб (ч)	['ɦɔlub]
moineau (m)	горобець (ч)	[ɦoro'bɛts]
mésange (f)	синиця (ж)	[sɨ'nɨtsʲa]
pie (f)	сорока (ж)	[so'rɔka]
aigle (m)	орел (ч)	[o'rɛl]
épervier (m)	яструб (ч)	['ʲastrub]
faucon (m)	сокіл (ч)	['sɔkil]
cygne (m)	лебідь (ч)	['lɛbidʲ]
grue (f)	журавель (ч)	[ʒura'wɛlʲ]
cigogne (f)	чорногуз (ч)	[tʃorno'ɦuz]
perroquet (m)	папуга (ч)	[pa'puɦa]
paon (m)	пава (ж)	['pawa]
autruche (f)	страус (ч)	['straus]
héron (m)	чапля (ж)	['tʃaplʲa]
rossignol (m)	соловей (ч)	[solo'wɛj]
hirondelle (f)	ластівка (ж)	['lastiwka]
pivert (m)	дятел (ч)	['dʲatɛl]
coucou (m)	зозуля (ж)	[zo'zulʲa]
chouette (f)	сова (ж)	[so'wa]
pingouin (m)	пінгвін (ч)	[pinɦ'win]
thon (m)	тунець (ч)	[tu'nɛts]
truite (f)	форель (ж)	[fo'rɛlʲ]
anguille (f)	вугор (ч)	[wu'ɦɔr]
requin (m)	акула (ж)	[a'kula]
crabe (m)	краб (ч)	[krab]
méduse (f)	медуза (ж)	[mɛ'duza]
pieuvre (f), poulpe (m)	восьминіг (ч)	[wosʲmɨ'niɦ]
étoile (f) de mer	морська зірка (ж)	[morsʲ'ka 'zirka]
oursin (m)	морський їжак (ч)	[morsʲ'kij jiʲʒak]
hippocampe (m)	морський коник (ч)	[morsʲ'kij 'kɔnik]

crevette (f)	креветка (ж)	[krɛ'wɛtka]
serpent (m)	змія (ж)	[zmiˈiˈa]
vipère (f)	гадюка (ж)	[ɦaˈdʲuka]
lézard (m)	ящірка (ж)	[ˈiˈaɕirka]
iguane (m)	ігуана (ж)	[iɦu'ana]
caméléon (m)	хамелеон (ч)	[ɦamɛlɛ'ɔn]
scorpion (m)	скорпіон (ч)	[skorpi'ɔn]

tortue (f)	черепаха (ж)	[ʧɛrɛ'paha]
grenouille (f)	жабка (ж)	[ˈʒabka]
crocodile (m)	крокодил (ч)	[kroko'dɨl]
insecte (m)	комаха (ж)	[ko'maha]
papillon (m)	метелик (ч)	[mɛ'tɛlɨk]
fourmi (f)	мураха (ж)	[mu'raha]
mouche (f)	муха (ж)	[ˈmuha]

moustique (m)	комар (ч)	[ko'mar]
scarabée (m)	жук (ч)	[ʒuk]
abeille (f)	бджола (ж)	[bdʒo'la]
araignée (f)	павук (ч)	[pa'wuk]
coccinelle (f)	сонечко (c)	[ˈsɔnɛʧko]

24. La flore. Les arbres

arbre (m)	дерево (c)	[ˈdɛrɛwo]
bouleau (m)	береза (ж)	[bɛ'rɛza]
chêne (m)	дуб (ч)	[dub]
tilleul (m)	липа (ж)	[ˈlɨpa]
tremble (m)	осика (ж)	[o'sɨka]

érable (m)	клен (ч)	[klɛn]
épicéa (m)	ялина (ж)	[ja'lɨna]
pin (m)	сосна (ж)	[sos'na]
cèdre (m)	кедр (ч)	[kɛdr]

peuplier (m)	тополя (ж)	[to'pɔlʲa]
sorbier (m)	горобина (ж)	[ɦoro'bɨna]
hêtre (m)	бук (ч)	[buk]
orme (m)	в'яз (ч)	[wˈjaz]

frêne (m)	ясен (ч)	[ˈiˈasɛn]
marronnier (m)	каштан (ч)	[kaʃ'tan]
palmier (m)	пальма (ж)	[ˈpalʲma]
buisson (m)	кущ (ч)	[kuɕ]

champignon (m)	гриб (ч)	[ɦrib]
champignon (m) vénéneux	отруйний гриб (ч)	[ot'rujnɨj ɦrib]
cèpe (m)	білий гриб (ч)	[ˈbilɨj ɦrib]
russule (f)	сироїжка (ж)	[sɨro'jiʒka]
amanite (f) tue-mouches	мухомор (ч)	[muho'mɔr]

oronge (f) verte	поганка (ж)	[po'ɦanka]
fleur (f)	квітка (ж)	['kwitka]
bouquet (m)	букет (ч)	[bu'kɛt]
rose (f)	троянда (ж)	[tro'ʲanda]
tulipe (f)	тюльпан (ч)	[tʲulʲ'pan]
oeillet (m)	гвоздика (ж)	[ɦwoz'dɨka]
marguerite (f)	ромашка (ж)	[ro'maʃka]
cactus (m)	кактус (ч)	['kaktus]
muguet (m)	конвалія (ж)	[kon'walʲia]
perce-neige (f)	пролісок (ч)	['prɔlisok]
nénuphar (m)	латаття (с)	[la'tattʲa]
serre (f) tropicale	оранжерея (ж)	[oranʒɛ'rɛʲa]
gazon (m)	газон (ч)	[ɦa'zɔn]
parterre (m) de fleurs	клумба (ж)	['klumba]
plante (f)	рослина (ж)	[ros'lɨna]
herbe (f)	трава (ж)	[tra'wa]
feuille (f)	листок (ч)	[lɨs'tɔk]
pétale (m)	пелюстка (ж)	[pɛ'lʲustka]
tige (f)	стебло (с)	[stɛb'lɔ]
pousse (f)	паросток (ч)	['parostok]
céréales (f pl) (plantes)	зернові рослини (мн)	[zɛrno'wi ros'lɨnɨ]
blé (m)	пшениця (ж)	[pʃɛ'nɨtsʲa]
seigle (m)	жито (с)	['ʒɨto]
avoine (f)	овес (ч)	[o'wɛs]
millet (m)	просо (с)	['prɔso]
orge (f)	ячмінь (ч)	[jatʲ'minʲ]
maïs (m)	кукурудза (ж)	[kuku'ruʤa]
riz (m)	рис (ч)	[rɨs]

25. Les mots souvent utilisés

aide (f)	допомога (ж)	[dopo'mɔɦa]
arrêt (m) (pause)	перерва (ж)	[pɛ'rɛrwa]
balance (f)	баланс (ч)	[ba'lans]
base (f)	база (ж)	['baza]
catégorie (f)	категорія (ж)	[katɛ'ɦɔriʲa]
choix (m)	вибір (ч)	['wɨbir]
coïncidence (f)	збіг (ч)	[zbiɦ]
comparaison (f)	порівняння (с)	[poriw'nʲanʲa]
début (m)	початок (ч)	[po'tʃatok]
degré (m) (~ de liberté)	ступінь (ч)	['stupinʲ]
développement (m)	розвиток (ч)	['rɔzwɨtok]
différence (f)	різниця (ж)	[riz'nɨtsʲa]

effet (m)	**ефект** (ч)	[ε'fɛkt]
effort (m)	**зусилля** (c)	[zu'sɪlʲa]
élément (m)	**елемент** (ч)	[ɛlɛ'mɛnt]
exemple (m)	**приклад** (ч)	['priklad]
fait (m)	**факт** (ч)	[fakt]
faute, erreur (f)	**помилка** (ж)	[po'mɪlka]
forme (f)	**форма** (ж)	['fɔrma]
idéal (m)	**ідеал** (ч)	[idɛ'al]
mode (m) (méthode)	**спосіб** (ч)	['spɔsib]
moment (m)	**момент** (ч)	[mo'mɛnt]
obstacle (m)	**перешкода** (ж)	[pɛrɛʃ'kɔda]
part (f)	**частина** (ж)	[tʃas'tina]
pause (f)	**пауза** (ж)	['pauza]
position (f)	**позиція** (ж)	[po'zitsiʲa]
problème (m)	**проблема** (ж)	[prob'lɛma]
processus (m)	**процес** (ч)	[pro'tsɛs]
progrès (m)	**прогрес** (ч)	[proɦ'rɛs]
propriété (f) (qualité)	**властивість** (ж)	[wlas'tiwistʲ]
réaction (f)	**реакція** (ж)	[rɛ'aktsiʲa]
risque (m)	**ризик** (ч)	['rizik]
secret (m)	**таємниця** (ж)	[taɛm'nitsʲa]
série (f)	**серія** (ж)	['sɛriʲa]
situation (f)	**ситуація** (ж)	[situ'atsiʲa]
solution (f)	**рішення** (c)	['riʃɛnʲa]
standard (adj)	**стандартний**	[stan'dartnij]
style (m)	**стиль** (ч)	[stilʲ]
système (m)	**система** (ж)	[sis'tɛma]
tableau (m) (grille)	**таблиця** (ж)	[tab'litsʲa]
tempo (m)	**темп** (ч)	[tɛmp]
terme (m)	**термін** (ч)	['tɛrmin]
tour (m) (attends ton ~)	**черга** (ж)	['tʃɛrɦa]
type (m) (~ de sport)	**вид** (ч)	[wid]
urgent (adj)	**терміновий**	[tɛrmi'nɔwij]
utilité (f)	**користь** (ж)	['kɔristʲ]
vérité (f)	**істина** (ж)	['istina]
version (f)	**варіант** (ч)	[wari'ant]
zone (f)	**зона** (ж)	['zɔna]

26. Les adjectifs. Partie 1

aigre (fruits ~s)	**кислий**	['kislij]
amer (adj)	**гіркий**	[ɦir'kij]
ancien (adj)	**давній**	['dawnij]

artificiel (adj)	штучний	[ˈʃtutʃnɨj]
aveugle (adj)	сліпий	[sliˈpɨj]
bas (voix ~se)	тихий	[ˈtɨhɨj]
beau (homme)	гарний	[ˈɦarnɨj]
bien affilé (adj)	гострий	[ˈɦɔstrɨj]
bon (savoureux)	смачний	[smatʃˈnɨj]
bronzé (adj)	засмаглий	[zasˈmaɦlɨj]
central (adj)	центральний	[tsɛnˈtralʲnɨj]
clandestin (adj)	підпільний	[pidˈpilʲnɨj]
compatible (adj)	сумісний	[suˈmisnɨj]
content (adj)	задоволений	[zadoˈwɔlɛnɨj]
continu (usage ~)	тривалий	[triˈwalɨj]
court (de taille)	короткий	[koˈrɔtkɨj]
cru (non cuit)	сирий	[sɨˈrɨj]
dangereux (adj)	небезпечний	[nɛbɛzˈpɛtʃnɨj]
d'enfant (adj)	дитячий	[dɨˈtʲatʃɨj]
dense (brouillard ~)	щільний	[ˈɕilʲnɨj]
dernier (final)	останній	[osˈtanij]
difficile (décision)	важкий	[waʒˈkɨj]
d'occasion (adj)	уживаний	[uˈʒɨwanɨj]
douce (l'eau ~)	прісний	[ˈprisnɨj]
droit (pas courbe)	прямий	[prʲaˈmɨj]
droit (situé à droite)	правий	[ˈprawɨj]
dur (pas mou)	твердий	[twɛrˈdɨj]
étroit (passage, etc.)	вузький	[wuzʲˈkɨj]
excellent (adj)	добрий	[ˈdɔbrɨj]
excessif (adj)	надмірний	[nadˈmirnɨj]
extérieur (adj)	зовнішній	[ˈzɔwniʃnij]
facile (adj)	легкий	[lɛɦˈkɨj]
fertile (le sol ~)	родючий	[roˈdʲutʃɨj]
fort (homme ~)	сильний	[ˈsɨlʲnɨj]
fort (voix ~e)	гучний	[ɦutʃˈnɨj]
fragile (vaisselle, etc.)	крихкий	[krɨhˈkɨj]
gauche (adj)	лівий	[ˈliwɨj]
géant (adj)	величезний	[wɛliˈtʃɛznɨj]
grand (dimension)	великий	[wɛˈlɨkɨj]
gratuit (adj)	безкоштовний	[bɛzkoʃˈtɔwnɨj]
heureux (adj)	щасливий	[ɕasˈlɨwɨj]
immobile (adj)	нерухомий	[nɛruˈhɔmɨj]
important (adj)	важливий	[waʒˈlɨwɨj]
intelligent (adj)	розумний	[roˈzumnɨj]
intérieur (adj)	внутрішній	[ˈwnutriʃnij]
légal (adj)	законний	[zaˈkɔnɨj]
léger (pas lourd)	легкий	[lɛɦˈkɨj]

liquide (adj)	рідкий	[rid'kij]
lisse (adj)	гладкий	['ɦladkij]
long (~ chemin)	довгий	['dɔwɦij]

27. Les adjectifs. Partie 2

malade (adj)	хворий	['hwɔrij]
mat (couleur)	матовий	['matowij]
mauvais (adj)	поганий	[po'ɦanij]
mort (adj)	мертвий	['mɛrtwij]
mou (souple)	м'який	[mʲa'kij]

mûr (fruit ~)	дозрілий	[do'zrilij]
mystérieux (adj)	загадковий	[zaɦad'kɔwij]
natal (ville, pays)	рідний	['ridnij]
négatif (adj)	негативний	[nɛɦa'tiwnij]
neuf (adj)	новий	[no'wij]
normal (adj)	нормальний	[nor'malʲnij]

obligatoire (adj)	обов'язковий	[obowʲaz'kɔwij]
opposé (adj)	протилежний	[proti'lɛʒnij]
ordinaire (adj)	звичайний	[zwi'ʧajnij]
original (peu commun)	оригінальний	[oriɦi'nalʲnij]
ouvert (adj)	відкритий	[wid'kritij]

parfait (adj)	чудовий	[ʧu'dɔwij]
pas clair (adj)	неясний	[nɛʲˡasnij]
pas difficile (adj)	неважкий	[nɛwaʒ'kij]
passé (le mois ~)	минулий	[mi'nulij]
pauvre (adj)	бідний	['bidnij]

personnel (adj)	персональний	[pɛrso'nalʲnij]
peu profond (adj)	мілкий	[mil'kij]
plein (rempli)	повний	['pɔwnij]
poli (adj)	ввічливий	['wwiʧˡiwij]
possible (adj)	можливий	[moʒ'liwij]

précis, exact (adj)	точний	['tɔʧnij]
principal (adj)	головний	[ɦolow'nij]
principal (idée ~e)	основний	[osnow'nij]
probable (adj)	імовірний	[imo'wirnij]
propre (chemise ~)	чистий	['ʧistij]
public (adj)	громадський	[ɦro'madsʲkij]

rapide (adj)	швидкий	[ʃwid'kij]
rare (adj)	рідкісний	['ridkisnij]
risqué (adj)	ризикований	[rizi'kɔwanij]
sale (pas propre)	брудний	[brud'nij]
similaire (adj)	схожий	['sxɔʒij]
solide (bâtiment, etc.)	міцний	[mits'nij]

spacieux (adj)	просторий	[pros'tɔrij]
spécial (adj)	спеціальний	[spɛtsi'alʲnij]
stupide (adj)	дурний	[dur'nij]
sucré (adj)	солодкий	[so'lɔdkij]
suivant (vol ~)	наступний	[na'stupnij]

supplémentaire (adj)	додатковий	[dodat'kɔwij]
surgelé (produits ~s)	заморожений	[zamo'rɔʒɛnij]
triste (regard ~)	сумний	[sum'nij]
vide (bouteille, etc.)	пустий	[pus'tij]
vieux (bâtiment, etc.)	старий	[sta'rij]

28. Les verbes les plus utilisés. Partie 1

accuser (vt)	звинувачувати	[zwinu'watʃuwati]
acheter (vt)	купляти	[kup'lʲati]
aider (vt)	допомагати	[dopoma'ɦati]
aimer (qn)	кохати	[ko'hati]
aller (à pied)	йти	[jti]
allumer (vt)	вмикати	[wmi'kati]

annoncer (vt)	оголошувати	[oɦo'lɔʃuwati]
annuler (vt)	скасувати	[skasu'wati]
appartenir à …	належати	[na'lɛʒati]
attendre (vt)	чекати	[tʃɛ'kati]
attraper (vt)	ловити	[lo'witi]
autoriser (vt)	дозволяти	[dozwo'lʲati]

avoir (vt)	мати	['mati]
avoir confiance	довіряти	[dowi'rʲati]
avoir peur	боятися	[bo'ʲatisʲa]
battre (frapper)	бити	['biti]

boire (vt)	пити	['piti]
cacher (vt)	ховати	[ho'wati]
casser (briser)	ламати	[la'mati]
cesser (vt)	припиняти	[pripi'nʲati]
changer (vt)	поміняти	[pomi'nʲati]
chanter (vi)	співати	[spi'wati]

chasser (animaux)	полювати	[polʲu'wati]
choisir (vt)	вибирати	[wibi'rati]
commencer (vt)	починати	[potʃi'nati]
comparer (vt)	зрівнювати	['zriwnʲuwati]
comprendre (vt)	розуміти	[rozu'miti]
compter (dénombrer)	лічити	[li'tʃiti]

compter sur …	розраховувати на …	[rozra'hɔwuwati na]
confirmer (vt)	підтвердити	[pid'twɛrditi]
connaître (qn)	знати	['znati]

construire (vt)	будувати	[budu'wati]
copier (vt)	скопіювати	[skopi'u'wati]
courir (vi)	бігти	['biɦti]
coûter (vt)	коштувати	['kɔʃtuwati]
créer (vt)	створити	[stwo'riti]
creuser (vt)	рити	['riti]
crier (vi)	кричати	[kri'ʧati]
croire (en Dieu)	вірити	['wiriti]
danser (vi, vt)	танцювати	[tantsʲu'wati]
décider (vt)	вирішувати	[wi'riʃuwati]
déjeuner (vi)	обідати	[o'bidati]
demander (~ l'heure)	запитувати	[za'pituwati]
dépendre de …	залежати	[za'lɛʒati]
déranger (vt)	заважати	[zawa'ʒati]
dîner (vi)	вечеряти	[wɛ'ʧɛrʲati]
dire (vt)	сказати	[ska'zati]
discuter (vt)	обговорювати	[obɦo'worʲuwati]
disparaître (vi)	зникнути	['zniknuti]
divorcer (vi)	розлучитися	[rozlu'ʧitisʲa]
donner (vt)	давати	[da'wati]
douter (vt)	сумніватися	[sumni'watisʲa]

29. Les verbes les plus utilisés. Partie 2

écrire (vt)	писати	[pi'sati]
entendre (bruit, etc.)	чути	['ʧuti]
envoyer (vt)	відправляти	[widpraw'lʲati]
espérer (vi)	сподіватися	[spodi'watisʲa]
essayer (de faire qch)	намагатися	[nama'ɦatisʲa]
éteindre (vt)	вимикати	[wimi'kati]
être absent	бути відсутнім	['buti wid'sutnim]
être d'accord	погоджуватися	[po'ɦodʒuwatisʲa]
être fatigué	втомлюватися	['wtɔmlʲuwatisʲa]
être pressé	поспішати	[pospi'ʃati]
étudier (vt)	вивчати	[wiw'ʧati]
excuser (vt)	вибачати	[wiba'ʧati]
exiger (vt)	вимагати	[wima'ɦati]
exister (vi)	існувати	[isnu'wati]
expliquer (vt)	пояснювати	[po'ʲasnʲuwati]
faire (vt)	робити	[ro'biti]
faire le ménage	прибирати	[pribi'rati]
faire tomber	упускати	[upus'kati]
féliciter (vt)	вітати	[wi'tati]
fermer (vt)	закривати	[zakri'wati]

finir (vt)	закінчувати	[za'kintʃuwatɨ]
garder (conserver)	зберігати	[zbɛri'ɦatɨ]
haïr (vt)	ненавидіти	[nɛna'wɨditɨ]
insister (vi)	наполягати	[napolʲa'ɦatɨ]
insulter (vt)	ображати	[obra'ʒatɨ]
interdire (vt)	заборонити	[zaboro'nɨtɨ]
inviter (vt)	запрошувати	[za'proʃuwatɨ]
jouer (s'amuser)	грати	['ɦratɨ]
lire (vi, vt)	читати	[tʃi'tatɨ]
louer (prendre en location)	наймати	[naj'matɨ]
manger (vi, vt)	їсти	['jistɨ]
manquer (l'école)	пропускати	[propus'katɨ]
mépriser (vt)	зневажати	[znɛwa'ʒatɨ]
montrer (vt)	показувати	[po'kazuwatɨ]
mourir (vi)	померти	[po'mɛrtɨ]
nager (vi)	плавати	['plawatɨ]
naître (vi)	народитися	[naro'dɨtɨsʲa]
nier (vt)	заперечувати	[zapɛ'rɛtʃuwatɨ]
obéir (vt)	підкоритися	[pidko'rɨtɨsʲa]
oublier (vt)	забувати	[zabu'watɨ]
ouvrir (vt)	відчинити	[widtʃi'nɨtɨ]

30. Les verbes les plus utilisés. Partie 3

pardonner (vt)	прощати	[pro'çatɨ]
parler (vi, vt)	розмовляти	[rozmow'lʲatɨ]
parler avec …	розмовляти з …	[rozmow'lʲatɨ z]
participer à …	брати участь	['bratɨ 'utʃastʲ]
payer (régler)	платити	[pla'tɨtɨ]
penser (vi, vt)	думати	['dumatɨ]
perdre (les clefs, etc.)	губити	[ɦu'bɨtɨ]
plaire (être apprécié)	подобатися	[po'dobatɨsʲa]
plaisanter (vi)	жартувати	[ʒartu'watɨ]
pleurer (vi)	плакати	['plakatɨ]
plonger (vi)	пірнати	[pir'natɨ]
pouvoir (v aux)	могти	[moɦ'tɨ]
pouvoir (v aux)	могти	[moɦ'tɨ]
prendre (vt)	брати	['bratɨ]
prendre le petit déjeuner	снідати	['snidatɨ]
préparer (le dîner)	готувати	[ɦotu'watɨ]
prévoir (vt)	передбачити	[pɛrɛd'batʃitɨ]
prier (~ Dieu)	молитися	[mo'lɨtɨsʲa]
promettre (vt)	обіцяти	[obi'tsʲatɨ]
proposer (vt)	пропонувати	[proponu'watɨ]

prouver (vt)	доводити	[do'wɔditi]
raconter (une histoire)	розповідати	[rozpowi'dati]
recevoir (vt)	отримати	[ot'rimati]

regarder (vt)	дивитися	[di'witisʲa]
remercier (vt)	дякувати	['dʲakuwati]
répéter (dire encore)	повторювати	[pow'torʲuwati]
répondre (vi, vt)	відповідати	[widpowi'dati]
réserver (une chambre)	резервувати	[rɛzɛrwu'wati]
rompre (relations)	припиняти	[pripi'nʲati]

s'asseoir (vp)	сідати	[si'dati]
sauver (la vie à qn)	рятувати	[rʲatu'wati]
savoir (qch)	знати	['znati]
se battre (vp)	битися	['bitisʲa]
se dépêcher	поспішати	[pospi'ʃati]
se plaindre (vp)	скаржитися	['skarʒitisʲa]

se rencontrer (vp)	зустрічатися	[zustri'ʧatisʲa]
se tromper (vp)	помилятися	[pomiʲ'lʲatisʲa]
sécher (vt)	сушити	[su'ʃiti]
s'excuser (vp)	вибачатися	[wiba'ʧatisʲa]
signer (vt)	підписувати	[pid'pisuwati]

sourire (vi)	посміхатися	[posmi'hatisʲa]
supprimer (vt)	видалити	['widaliti]
tirer (vi)	стріляти	[stri'lʲati]
tomber (vi)	падати	['padati]
tourner (~ à gauche)	повертати	[powɛr'tati]
traduire (vt)	перекладати	[pɛrɛkla'dati]

travailler (vi)	працювати	[pratsʲu'wati]
tromper (vt)	обманювати	[ob'manʲuwati]
trouver (vt)	знаходити	[zna'hɔditi]
tuer (vt)	убивати	[ubiʲ'wati]
vendre (vt)	продавати	[proda'wati]

venir (vi)	приїжджати	[priji'zati]
vérifier (vt)	перевіряти	[pɛrɛwi'rʲati]
voir (vt)	бачити	['baʧiti]
voler (avion, oiseau)	летіти	[lɛ'titi]
voler (qch à qn)	красти	['krasti]
vouloir (vt)	хотіти	[ho'titi]

www.ingramcontent.com/pod-product-compliance
Lightning Source LLC
Chambersburg PA
CBHW060030050426
42448CB00012B/2929